T0262343

CARTAS A LA IGLESIA

FRANCIS CHAN

CASA CREACIÓN

Para vivir la Palabra

Para vivir la Palabra

Mantengan los ojos abiertos,
aférrense a sus convicciones,
entréguense por completo,
permanezcan firmes,
y amen todo el tiempo.
—1 Corintios 16:13-14 (Biblia El Mensaje)

Cartas a la iglesia por Francis Chan
Publicado por Casa Creación
Miami, Florida
www.casacreacion.com
©2021 Derechos reservados

ISBN: 978-1-941538-93-7
E-book ISBN: 978-1-941538-94-4

Desarrollo editorial: *Grupo Nivel Uno, Inc.*
Diseño de portada: *Jim Elliston*
Adaptación del diseño interior y portada: *Grupo Nivel Uno, Inc.*

Publicado originalmente en inglés bajo el título:
LETTERS TO THE CHURCH
Published by David C Cook
4050 Lee Vance Drive
Colorado Springs, CO 80918 U.S.A.
© 2018 Crazy Love Ministries

Impreso en Colombia

24 25 26 27 28 LBS 9 8 7 6 5 4 3 2

CONTENIDO

RECONOCIMIENTOS

Son muchas las personas que contribuyeron con este libro, las cuales me ayudaron a tratar con todo, desde lo que tiene que ver con la teología hasta lo referente a la lógica y la gramática. Fue, definitivamente, un trabajo en equipo; como la mayoría de las cosas, ahora, en mi vida.

Gracias, principalmente, a los ancianos de la congregación *We Are Church* —Kevin Kim, Kevin Shedden, Justin Clark, Rob Zabala, Sean Brakey y Pira Tritasavit— que estuvieron orando fielmente por mí. Ustedes han modelado lo que es la intimidad con Cristo, lo cual me ha ayudado a dar prioridad a lo más importante de la vida.

Gracias, de manera especial, al equipo de escritores: Mark Beuving, que me ayudó una vez más a editar y plantear las ideas; Kevin, Karmia y Jeanne por ayudarme a estructurar el libro; Sean, por dedicar tiempo a fortalecer algunas de mis ideas; Liz, por facilitar mi vida, a pesar de que a veces renuncias. Por último, aunque no por eso menos importante, gracias a Mercy Chan, que me salvó al final. ¿Quién hubiera pensado que la más peculiar de mis hijas me ayudaría tanto?

Gracias a todos los pastores de la iglesia *We Are Church* —Denys Maslov, Nate Connelly, Joe Pemberton, David Manison, Chaz Meyers, Paul Meyers, Brian Kusunoki, Aaron Robison, Peter Gordon, Marcus Hung, Jon Kurien, Ángel Velarde, Marcus Bailey, David Schaeffer, Ryan Takasugi, Isaiah Pekary, Matt Shiraki, Al Cortes, Kevin Lin, Brandon Miller, Felipe Anguiano y Kent McCormick— por amar y pastorear lealmente a todos.

Gracias a Jim Elliston, que tuvo que diseñar dos portadas, puesto que cambié el título.

Gracias a los voluntarios de medios y mercadotecnia digital, que dedicaron infinidad de horas a ayudarnos con este proyecto.

Gracias a David C Cook, por ser la editora que me ha apoyado tanto y por ser los socios ideales.

Gracias a Paul Chan, por mantener todo funcionando bien en la oficina para que pudiera escribir con libertad.

Gracias a mi maravillosa esposa, Lisa, que en ningún momento se quejó de mí en los meses que estuve tan ocupado. Y a Ellie, Zeke, Claire y Silas por ser unos magníficos y pacientes chicos mientras papá escribía.

1

LA PARTIDA

Imagínate que te encuentras en una isla desierta sin nada más que un ejemplar de la Biblia. No tienes experiencia alguna en el cristianismo, por lo que todo lo que sepas de la iglesia provendrá de lo que leas en la Biblia. ¿Cómo te imaginarías que funciona una iglesia? Cierra tus ojos por unos minutos y trata de imaginar la «iglesia» como la conoces.

Ahora, medita en tu iglesia actual. ¿Se parecen algo? ¿Puedes aceptar el resultado?

UN POCO DE HISTORIA

Han pasado ocho años desde que dejé Cornerstone Church en Simi Valley, California; sin embargo, la gente todavía me pregunta lo mismo: ¿Por qué?

¿Por qué dejaste una iglesia que estaba haciendo cosas magníficas? ¿Por qué abandonaste a esas personas que amabas?

¿Por qué abandonaste el país precisamente cuando parecía que tenías más influencia? ¿Cambiaron tus convicciones? ¿Amas aún a la iglesia?

Fundaste una megaiglesia, comenzaste una escuela, escribiste varios libros exitosos, mucha gente escuchaba tus transmisiones multimedia y, de pronto, lo dejaste todo para irte a vivir a Asia con toda tu familia. ¡Eso no tiene sentido!

Aunque estoy ansioso por comunicarles lo que Dios me ha estado enseñando, es probable que sea de ayuda hablarles de la forma en que él me guio en el pasado. Deseo aclarar cualquier confusión y ofrecer una perspectiva de la razón por la cual escribí este libro.

Primero, empezaré diciendo que los años que estuve en Simi Valley fueron grandiosos. Sonrío, literalmente, al escribir esto. Fui pastor de Cornerstone por más de dieciséis años, por lo que mi mente está llena de recuerdos, tanto graciosos como significativos. Recuerdo muchos rostros, amistades verdaderas, momentos espirituales y períodos asombrosos por todo lo que Dios estaba haciendo. Sé que estaré gozando en la eternidad con muchas de las personas que se enamoraron de Jesús durante esos años. Son recuerdos imborrables.

LA RAZÓN POR LA QUE DEJÉ MI MEGAIGLESIA

En 1994, a la edad de veintiséis años, decidí iniciar una iglesia. No fue algo que haya planeado con anterioridad. Después de todo, llevaba casado menos de un mes. Lisa y yo estábamos pasando por un momento difícil en nuestra iglesia. Los ancianos y el pastor habían estado peleando, lo que llevó a la destitución de este último. La congregación se encontraba dividida en cuanto a quién tenía la razón, si los ancianos o el pastor. Todos estaban desanimados debido a la división. Los servicios dominicales no eran, en nada, edificantes y yo sabía que eso no agradaba a Dios. Fue durante ese tiempo que le dije a mi esposa que tenía una idea alocada: ¿Qué te parece si comenzamos una iglesia en nuestra casa?

Aunque solo fuera una docena de personas en la sala, ¿no sería mejor que lo que estamos pasando? Lisa concordó conmigo y así fue que iniciamos Cornerstone Church, en Simi Valley.

Estaba decidido a hacer algo diferente de lo que había experimentado. Era mi oportunidad para crear el tipo de iglesia de la que deseaba ser parte. Básicamente, pensé en tres objetivos. El primero: Quería que todos cantáramos directamente a Dios. Y me refiero a cantar de verdad. No a cumplir con el tiempo de alabanza solamente por rutina o hasta por culpa. ¿Alguna vez has sido parte de un grupo de personas que le canten directamente a Dios? ¿Con reverencia y emoción? ¿Que canten como si Dios estuviera frente a ellos, escuchándolos? Esa es una experiencia muy poderosa y quise que fuera el eje de nuestra nueva iglesia.

El segundo objetivo: Quería que todos escucháramos realmente la Palabra de Dios, que no hiciéramos como los que se reúnen a escuchar tonterías de autoayuda ni tampoco que ignoráramos la mitad de la Biblia. Quería que nos internáramos en las Escrituras, aun en los pasajes que parecen contradecir nuestros deseos y nuestra lógica. Quería que la exposición de la verdad de Dios fuera poderosa y que la tomáramos con seriedad. De manera que comencé a predicar semana tras semana —sobre la Biblia— versículo por versículo. Nos propusimos escuchar verdaderamente todo lo que la Palabra de Dios nos estaba diciendo.

Y el último objetivo: Quería que todos tuviéramos vidas santas. Es que he visto a muchos cristianos sentados en tantas iglesias a quienes, al parecer, no les interesa hacer lo que la Biblia dice. No concebía asimilar tan trágica ironía. Esas personas regresaban, semana tras semana a escuchar acerca de un libro que les exige que sean «hacedores de la palabra y no solo oidores» (Santiago 1:22 LBLA), pero parecía que no hacían nada al respecto. No es que yo fuera perfecto ni que esperara que alguien más lo fuera, sino que anhelaba que nuestra iglesia fuera un grupo de individuos que se impulsan unos a otros a la acción. Puesto que de nada sirve enseñar las Escrituras sin esperar que haya cambio. Así que, desde el principio, nos desafiamos a actuar unos a otros.

Eso era todo, en esencia. Si pudiéramos avanzar hacia esos tres objetivos, sería el hombre más feliz del mundo.

¡Ojalá hubieras visto cómo obraba Dios en esos primeros días! ¡El proyecto despegó! Por supuesto, no todo era perfecto, pero estábamos muy emocionados. Los visitantes quedaban cautivados con nuestros servicios, de modo que la iglesia continuó creciendo. Alquilamos la cafetería de una escuela secundaria hasta que, al fin, nos mudamos a un lugar que anteriormente funcionaba como licorería, al lado de Chuck E. Cheese (la famosa cadena de salones de juegos para niños, donde se realizan celebraciones infantiles). Tras un crecimiento como el que tuvimos, compramos nuestro propio inmueble. No pasó mucho tiempo para vernos en la necesidad de ampliar considerablemente esa instalación. Dios estaba tocando los corazones, el número de personas que se reunía para cantar y escuchar la Palabra de Dios continuó creciendo y tuvimos que hacer más servicios. Teníamos dos los sábados por la noche y tres los domingos por la mañana, cuando nos dimos cuenta de que necesitábamos abrir otras obras en las ciudades cercanas. No lo podíamos creer. Nuestra transmisión multimedia tenía cada vez más suscriptores de todas partes del mundo, mientras continuábamos derramando nuestro corazón delante de Dios, cantándole con toda convicción.

Nuestros servicios estaban llenos de vida. La congregación se regocijaba cuando les informaba la manera en la que su contribución financiera ayudaba a las personas necesitadas en los países subdesarrollados. Muchas parejas comenzaron a adoptar niños huérfanos. La asistencia a las reuniones, al igual que las ofrendas, crecieron de manera congruente a través de los años. Cada fin de semana celebrábamos bautismos, las vidas estaban siendo transformadas. No había otra iglesia a la que me gustaría pertenecer. Pero, al pasar el tiempo, no pude dejar de sentir que algo seguía faltando. No era cuestión de los miembros de la iglesia, no tenía que ver con el equipo de liderazgo que Dios había incorporado. Estábamos alcanzando nuestros objetivos con éxito y habíamos implementado bien el ADN de la iglesia, sin embargo, algo no estaba bien.

Llegó el punto en que los ancianos de la iglesia comenzaron a cuestionar si nuestro ideal de éxito era deficiente. ¿Era eso todo lo que la iglesia debía ser? ¿Cumplíamos con la visión que Dios tuvo cuando creó su iglesia? Empezamos a deliberar si nuestra definición de iglesia coincidía con la de Dios. Los ancianos de Cornerstone se adentraron en las Escrituras conmigo y desafiaron mi modo de pensar acerca de lo que Jesús quería de la iglesia. Esos hombres de Dios me alentaron y estimularon durante esa temporada; fue un gozo servir al lado de ellos.

Una de las principales cosas que nos preguntamos en aquel entonces, fue el nivel de amor que sentíamos los unos por los otros. Cornerstone era considerada una iglesia muy cordial, sin embargo, al compararla con la primera iglesia del Nuevo Testamento, se quedaba corta. Jesús dijo que el mundo iba a conocernos por nuestro amor (Juan 13:35). Como ancianos de la iglesia, pudimos llegar a la penosa conclusión de que, cuando los no creyentes llegaban a nuestros servicios, no observaban nada extraordinario en cuanto a la forma de amarnos los unos a los otros.

Otro problema que vimos fue la manera en que —de alguna forma— todo dependía de una sola persona. Aun al hablar de construir nuevas instalaciones y los gastos que eso generaría, los ancianos se preguntaban qué pasaría con eso si yo, en algún momento, dejara de ser su pastor. ¿Acaso Cornerstone se había convertido en una de tantas iglesias, estancada y con un gran edificio vacío? Insisto, ¡este es un gran problema! No solo por el desperdicio de dinero, sino porque ninguna iglesia debería depender a tal grado de una sola persona. Nuestro objetivo era que la gente llegara a Cornerstone para experimentar al Dios todopoderoso y el mover del Espíritu Santo, no para escuchar a Francis Chan.

Debido a que mi liderazgo era tan prominente en la iglesia, también me di cuenta de que estaba frenando a otros que deberían estar en posiciones de liderazgo. Al empezar a animar a algunos miembros del personal de la iglesia y a varios ancianos para que sintieran la libertad de desarrollar nuevos ministerios y a relevar a otros en nuevas posiciones, vi cuánto crecieron gracias a la oportunidad de pastorear que se les dio.

La Biblia nos dice que cada miembro del cuerpo tiene un don necesario para el pleno funcionamiento de la iglesia. Pero cuando vi lo que estaba sucediendo en nuestra congregación, comprendí que éramos unos pocos los que estábamos usando nuestros dones, mientras que miles solo acudían a ocupar un asiento en el santuario por una hora y media, para después irse a casa. La manera en que habíamos estructurado la iglesia estaba impidiendo el crecimiento de las personas y, por ende, todo el cuerpo se estaba debilitando.

Tener que sentarnos a examinar los mandamientos bíblicos que habíamos ignorado fue una lección de humildad. Decidimos que queríamos traer un cambio a la iglesia. Al momento, no tenía ni idea de lo difícil que sería; por lo que estaba frustrado con la situación en la que estábamos, no tenía claro el camino a seguir. Estaba seguro de que todo debía cambiar, pero no sabía cómo hacerlo. Es probable que algunos de mis mensajes parecieran más rabietas de abuelo que sermones de un pastor amoroso guiando a sus ovejas a lugares de verdes pastos.

Intentamos muchas cosas. Probamos limitando las predicaciones mías un poco para permitir que otros pastores asociados asumieran una mayor responsabilidad. Sin embargo, descubrimos que se hizo difícil para ellos liderar mientras todavía estaban bajo mi sombra, por así decirlo. Intentamos que la gente formara iglesias más pequeñas en sus hogares, pero muchos se habían acostumbrado a los beneficios del cuidado de los niños y la predicación en el servicio principal. Así que, poco a poco, claudicaban. Incluso, en una ocasión me ausenté brevemente de la reunión general en Simi Valley, para ayudar a impulsar varias de las reuniones de hogar en la ciudad de Los Ángeles. Parecía que estaban tomando fuerza, sin embargo, me necesitaban de vuelta en Simi. Fue un tiempo difícil; a la iglesia, le reconocí su paciencia para soportar ese tiempo de prueba. La gente comenzó a cansarse y lentamente experimentamos un pequeño éxodo.

CAMBIO DE REGLAS

Un joven de la iglesia lo expuso de una forma inmejorable. Dijo que, durante ese tiempo, sintió como si las reglas hubieran cambiado súbitamente para él. Explicó que, por años, se le había enseñado que la salvación era gratuita y que el evangelio era el medio a través del cual podía tener una relación personal con Jesús. Dice que eso fue como si alguien le hubiera regalado unos patines para desplazarse sobre el hielo. Una vez con ellos, iría a la pista de patinaje muy emocionado y aprendería a hacer toda clase de trucos. Pasado el tiempo practicando eso, de pronto, se le dice que le habían entregado esos patines —en realidad— porque se suponía que él pertenecería al equipo de hockey sobre hielo, y que debería estar trabajando con ellos para ganar el campeonato, que el propósito nunca fue que patinara solo ni que aprendiera piruetas y saltos individuales. ¡Qué gran diferencia! Aunque él no rechazó los cambios, pues no había sustento bíblico para hacerlo, le tomaría un tiempo ajustar sus pensamientos a ese nuevo estilo de vida.

Al reflexionar en lo pasado, me doy cuenta de que no lideré muy bien. Ansiaba un cambio, pero nunca tuve un buen plan y, ciertamente, tampoco tuve la paciencia para ayudar a las personas con el fin de que fueran receptivas a ese gran cambio de paradigma. Así que terminé causando frustración a varias personas que amaba. Cuando dejé Cornerstone, lo hice con la genuina convicción de que era el tiempo correcto y que la iglesia avanzaría mejor sin mí.

Hubo muchos otros factores, además. De modo que, cuando la gente me pregunta por qué me fui, me cuesta dar una explicación exacta. A medida que mi popularidad como orador y escritor aumentaba, mi paz y mi humildad iban disminuyendo.

Acababan de surgir las redes sociales, por lo que entonces me encontraba con gente —que no conocía— alabándome o maldiciéndome. No sabía muy bien cómo enfrentar la crítica excesiva ni tampoco los halagos. Lo único que quería hacer era huir. Luchaba pensando en la gran cantidad de iglesias que había en la ciudad enseñando sobre la Biblia, consciente también de que existen muchos lugares en el mundo en los que no hay un fuerte testimonio cristiano. Me parecía que no se requería mucha fe para continuar haciendo lo que solía hacer; pero, lo que quería era vivir por fe. Tampoco estaba muy claro en cuanto a cómo llevar a Cornerstone al futuro pues, sobra decirlo, fue un tiempo de mucha confusión.

Dejar la iglesia Cornerstone, *definitivamente*, no fue una decisión sencilla. Mientras atravesaba ese tiempo de lucha, pensando si esa sería la mejor opción, fui a predicar a una actividad especial. Lisa me acompañó y, en el trayecto, sostuvimos una conversación que me impresionó. Hasta ese entonces, la inquietud que tenía acerca de mi permanencia en Simi Valley había sido totalmente interna. Nunca habíamos hablado en cuanto a marcharnos. Cornerstone era nuestro bebé y Simi Valley nuestra casa. Cuando al fin me decidí a preguntarle a mi esposa qué pensaba que haríamos por el resto de nuestra vida, me sorprendió su respuesta al expresar que ella sentía que nuestra labor en Simi Valley había concluido y que era tiempo de un cambio. Fue Lisa la que sugirió que nos trasladáramos a otro país y eso era exactamente lo que yo estaba considerando.

Quince minutos más tarde recibí una llamada de mi amigo Jeff, que era uno de los miembros de Cornerstone. Me dijo que sintió que Dios quería que me dijera lo siguiente: «Vete, no te preocupes por la iglesia. Hay otros aquí que se encargarán de ella». ¡Fue algo tan insólito! No había manera de que mi amigo hubiera escuchado la conversación que acababa de tener con Lisa. Nadie sabía lo que pasaba por mi mente.

A partir de ahí, las cosas empezaron a encajar con lo que yo pensaba, por lo que cada vez sentía más paz en cuanto a la decisión de irme. De hecho, las cosas llegaron a un punto tal que Lisa y yo sentimos que seríamos desobedientes si no nos íbamos. Terminamos vendiendo nuestra casa en Simi Valley y llevando a nuestra familia, de seis en ese entonces, a un viaje por India, Tailandia y China. Fue una aventura extraordinaria que nos unió mucho y nos permitió renovar el enfoque de nuestra misión. Vi pastores en India con tal audacia y abnegación, que renunciaban a todo por el Señor. Fuimos testigos de la sencillez con la que se vive en las áreas rurales de Tailandia, y la alegría de los hombres y las mujeres que servían fielmente, todos los días, tanto a las viudas como a los huérfanos. En China, vi el evangelio propagarse como un incendio y a las personas soportando, e incluso regocijándose, al sufrir persecución.

A través de todo ese tiempo, Lisa y yo estuvimos orando con toda la familia en cuanto al lugar al que Dios nos enviaría a vivir. Consideramos seriamente quedarnos en Hong Kong. Buscamos opciones de vivienda y escuela para los chicos. Pero cierto día, sentí fuertemente que el Señor me habló.

Por favor, ten en cuenta que no lo digo a la ligera. Mis antecedentes son extremadamente conservadores, por lo que solamente confío en lo que está escrito en la Biblia. Aunque en mi teología hay margen para oír directamente la voz de Dios, no estoy seguro de haberla escuchado antes de ese día. Insisto, no puedo asegurar que oí la voz del Señor, pero sentí más paz al obedecer aquello que creí haber escuchado, que en ignorarlo. Verdaderamente creí que Dios me estaba diciendo que regresara a Estados Unidos a plantar nuevas iglesias. Durante el viaje, pude vislumbrar lo que la iglesia podía llegar a ser y el poder con el que puede contar y sentí que Dios quería que recuperara esa visión. Tuve mucho temor de lo que creía que Dios me estaba diciendo, sentí que me estaba pidiendo que hiciera algo para lo cual no tenía ni la inteligencia ni la habilidad de liderazgo para lograrlo.

Cuando les dije a Lisa y a los niños que Dios quería que regresáramos a los Estados Unidos, sentimos tristeza, porque estábamos muy contentos allá. Nos sentíamos más unidos como familia y mucho más dependientes de Dios, con nuestros ojos puestos en lo eterno. Cuando dejamos los Estados Unidos tuvimos temor, pero al regresar hubo más aun. No queríamos perder el enfoque.

EL VIAJE A CASA

Sin entrar en tantos detalles te diré que terminamos de nuevo en San Francisco y la razón principal fue porque mi hermano tenía un apartamento donde nos podíamos quedar. No tenía un plan definido, lo único que quería hacer era vivir lo más bíblicamente que pudiera. En mis oraciones, le decía al Señor que quería vivir como Cristo y, al parecer, él supo exactamente a quiénes llamar para que fueran sus discípulos. Así que pedí que se me otorgara la misma gracia: que pudiera recorrer la ciudad difundiendo el evangelio y, poco a poco, ir conociendo personas a las cuales él me instara a discipular.

El primer año me hice de unos amigos y, juntos, comenzamos a ministrar a los pobres en un área marginal de San Francisco conocida como Tenderloin. Dábamos de comer a los indigentes e íbamos de casa en casa a orar por las personas de bajos recursos. A veces era peligroso, pero me encantaba el hecho de encontrarme viviendo por fe en Estados Unidos. Pasé varias dificultades, pero sentí que estaba en lo correcto. Vimos cómo respondía Dios, de manera poderosa, las oraciones; a pesar de que no siempre había conversiones verdaderas.

Después de una de las primeras veces que evangelizamos en esa forma, recuerdo que les pregunté a mis hijos qué sintieron. Rachel, la mayor, respondió sin titubear: «Se sintió como si lo hicimos igual que en la Biblia». Entendí perfectamente a lo que se refería. Estábamos experimentando, en Estados Unidos, algo parecido a lo que leemos en el Nuevo Testamento. Nos sentíamos más dinamizados que nunca en una aventura de fe, y todo eso, en nuestro propio patio.

Pese a que la evangelización diaria marchaba muy bien, y disfrutábamos vivir por fe, aún no habíamos establecido una iglesia. Noté que nuestro ministerio tenía esa debilidad y era porque no estaba cimentado en una congregación dirigida por ancianos. Consciente de que ese era mi llamado, reunimos a varios de nuestros nuevos amigos y comenzamos una iglesia en nuestra casa. A veinte años de haber fundado Cornerstone en la sala de nuestro hogar, allí estábamos de nuevo. Mi maravillosa esposa y un grupo de amigos, todos sentados en la sala, pidiéndole a Dios que de este grupo, edificara su iglesia.

Ya hace cinco años que comenzamos con We Are Church [Somos Iglesia] y, en esta ocasión, las cosas son muy diferentes. Lisa y yo hemos crecido en nuestro entendimiento de las Escrituras y el diseño de Dios para la iglesia. Dios, en su gracia, nos mostró el buen fruto de mi tiempo en Cornerstone, así como también los errores significativos que cometí en el principio. Espero poder ayudar a otros a no caer en los mismos desaciertos que cometí.

Me encuentro escribiendo esto durante una de las etapas más felices y llenas de paz en mi vida. No se debe a que esta sea fácil, pues no lo es. Esa paz viene de conocer a Dios más intensamente. Aunque he amado a Jesús por años, ahora se siente totalmente diferente. El conocerlo y experimentarlo, es ahora mi obsesión. La parte más inusual de esta etapa de mi vida es que mi intimidad con Dios está directamente relacionada con la conexión que tengo con la iglesia. Esto es extraño para mí porque, por años, me sentía más cerca de Dios cuando estaba solo y aislado de la gente en mi cuarto de oración. Por primera vez en mi vida, me siento más cerca de Dios cuando oro con la familia de la iglesia. Es como si pudiera sentir su presencia casi tangible en el cuarto donde estemos orando. Eso hace que quiera permanecer con ellos en ese lugar, porque mi deseo es estar lo más cerca posible de Jesús. Hace unos días, una enseñanza que por lo general termina en una hora, espontáneamente se convirtió en ¡trece horas de oración! Y es que, estábamos disfrutando tanto la presencia de Dios, que nadie quería irse.

Es probable que Dios me llame un día a otro lugar del mundo, pero por ahora —y lo digo con cierto egoísmo—, espero que no. No quiero separarme de esta familia. Los amo porque ellos me acercan más a Cristo. Nunca me había sentido más acompañado y seguro que ahora.

LOS GRANDES PROBLEMAS

A menudo me entristecen las conversaciones que sostengo con algunos cristianos en Estados Unidos, puesto que no escucho a muchos de ellos hablar de esta manera. Al contrario, lo que hacen es quejarse de sus iglesias. He tenido la oportunidad de hablar con muchos que han optado por retirarse de ellas. ¡Eso es un problema muy serio! Espero que no te hayas vuelto insensible, porque es algo que nos debería quebrantar el corazón. La iglesia tiene muchos problemas, sin embargo, Jesús se refiere a ella como su cuerpo y su Novia. Por tanto, debemos amar a su Novia, no quejarnos de ella ni abandonarla.

Es cierto que algunos que han abandonado la iglesia son rebeldes y arrogantes, pero creo que hay otros que lo hacen porque están confundidos. Aman a Jesús, pero les resulta difícil ver la conexión entre lo que leen en las Escrituras y lo que experimentan en la iglesia. No estoy justificando sus acciones. Después de todo, Dios nos ordena que nos reunamos con otros creyentes y los motivemos a la acción (Hebreos 10:24-25). Considero que algunas de esas inquietudes tienen fundamentos bíblicos y deben ser atendidas. Incluso, al escribir este libro, espero que los que se encuentran alejados, se sientan animados a regresar. Las Escrituras me dicen que eres indispensable y que el cuerpo no puede funcionar sin ti.

Este es, en definitiva, el libro más difícil que he escrito, principalmente porque he tratado de ser consciente de lo que dice 1 Tesalonicenses 5:14. Aquí, Dios nos dice que amonestemos a los rebeldes y animemos a los que están desalentados. Esto solo es posible si conoces tan bien a tu gente como para determinar lo que necesitan. El problema al escribir un libro dirigido al público en general es que, algunos de ustedes que necesitan un abrazo, se sentirán golpeados; y otros que deben ser golpeados, se sentirán animados. A los que aman a Cristo y que hoy se sienten desanimados: oro que este libro les brinde esperanza para alcanzar lo que aún es posible. A aquellos que consciente o inconscientemente están dañando la iglesia: oro que Dios les otorgue la gracia para que se arrepientan. Hace poco me percaté de que Jesús escribió siete cartas diferentes a siete distintas iglesias en Apocalipsis 2 y 3. Aquí estoy yo, tratando de escribirles a miles de iglesias diferentes ¡con un solo libro! Y Jesús escribe mucho mejor que yo.

Al terminar de escribir esta obra, me di cuenta de que se parecía menos a un libro y más a una colección de cartas relacionadas entre sí, pero —a su vez— independientes. Cada capítulo o carta aborda un problema distinto, el cual tu iglesia puede que tenga —o no— que tratar. He orado al Espíritu Santo para que les ayude a discernir qué cartas deben considerar tu iglesia y tú. Este libro no habla de detalles oscuros que encontré en Levítico; más bien es acerca de los mandamientos obvios que vemos repetirse a través de la Biblia. He tratado de poner mucha atención a las ocasiones en las que Dios parece molestarse más por las cosas que su pueblo estaba haciendo. Muchos quieren cambiar a la iglesia, pero con frecuencia las motivaciones son preferencias personales más que convicciones bíblicas. Yo simplemente estoy tratando de señalar las verdades bíblicas más obvias con respecto al deseo de Dios por su Novia, verdades que no podemos permitirnos ignorar.

Hay ocasiones en las que Dios aborrece nuestra adoración. Hay iglesias que él quiere cerrar. A menudo suponemos que mientras vayamos a adorar, Dios se siente complacido. Pero la Biblia nos muestra una historia diferente (Amós 5:21-24; Isaías 58:1-5; Malaquías 1:6-14; 1 Corintios 11:17-30; Apocalipsis 2:5; 3:15-16).

Desde el principio ha existido la adoración que a Dios le agrada y la que él rechaza. Al examinar el estado actual de la iglesia cristiana, no puedo evitar pensar que Dios está disgustado con algunas iglesias en Estados Unidos de América.

Esto no lo digo a la ligera. No lo digo por lo que yo siento, sino por lo que leo en las Escrituras. Es mi anhelo que leas este libro con tu Biblia abierta a un lado, para que puedas comprobar si es que estoy distorsionando las Escrituras o —simplemente— exponiendo lo evidente. Esto no es a manera de ataque ni debate. Quiero pensar que somos del mismo equipo, que todos estamos buscando alcanzar el modelo de iglesia que a Dios le agrada.

UNA HUMILDE ADVERTENCIA

En nuestros días, la gente está ansiosa por pelear. Muchos viven a la defensiva, esperando que alguien se exprese mal, para atacar. Es en este ambiente donde el Señor nos dice que nos esforcemos por mantener la unidad (Efesios 4:3). Es por eso que estoy tratando de escribir con un espíritu de unidad. Tal vez algunas cosas que escribo puedan ser interpretadas como crítica, en realidad estoy tratando de hablar en un espíritu de gracia y unidad. Una de las peores cosas que pudiera suceder es que las personas iracundas tomen estas palabras y confronten arrogantemente al liderazgo de su iglesia. Ya hay demasiada división y orgullo dentro de la iglesia. Sin embargo, creo que hay una manera en la que podemos mostrar bondad y gracia hacia los demás sin abandonar nuestras convicciones.

Para aquellos que no son parte del liderazgo en la iglesia, sean conscientes de que estamos en una temporada difícil para dirigir. A lo largo de treinta años, he estado en varias posiciones de liderazgo y nunca antes se ha experimentado un tiempo como este.

Las redes sociales dan voz a todas las personas, de manera que cualquiera puede expresar la suya. Hay muchas voces, pero no muchos seguidores. Las opiniones tajantes son aplaudidas, mientras que la humildad no lo es. Y no estoy diciendo que no se deban hacer cambios en el liderazgo, simplemente estoy haciendo un llamado a la gracia. Imagínate la difícil tarea del entrenador de un equipo en el que los jugadores se niegan a seguir sus instrucciones porque creen que tienen un mejor plan que él. Pues, bienvenido a la iglesia del siglo veintiuno. Ejercitemos algo de humildad.

Por otro lado, podemos ver una mentalidad revitalizante en David cuando era joven. ¿Recuerdas las veces que se rehusó a lastimar a Saúl? En 1 Samuel 24 y 26, David ya había sido ungido como el rey legítimo de Israel y, para ese entonces, el rey Saúl era un lunático asesino, ávido de poder. David tuvo dos oportunidades perfectas para derrocar a Saúl y tomar el trono que se le había prometido; sin embargo, se negó a hacer justicia por su propia mano. Por eso dijo: «¡Que el SEÑOR me libre de hacerle al rey lo que ustedes sugieren! No puedo alzar la mano contra él, porque es el ungido del SEÑOR» (24:6).

¿Por qué nos parece tan extraña esa actitud? Saúl era un líder terrible que se había rebelado contra Dios deliberadamente pero, de alguna forma, David sentía un sacro temor de dañar a los que Dios había puesto en autoridad. En la actualidad, si un líder se equivoca, no importa qué tan pequeño e inocente sea su error, somos rápidos para criticarlo. El perdón es escaso y casi inexistente en lo que se refiere a los ministerios. Usamos, a la ligera, palabras fuertes para vociferar contra el liderazgo. Aclaro, no estoy a favor de los líderes abusivos, ni estoy diciendo que todos los líderes cuentan con la bendición de Dios. Lo que estoy pidiendo es que mostremos humildad y respeto, aun para quienes no lo merezcan. Seamos personas de gracia.

ABRE LA PUERTA

Dios diseñó a la iglesia para que fuera mucho más que lo que la mayoría de nosotros experimentamos en esta nación estadounidense. Somos muchos los que creemos esto y queremos que cambie. La buena noticia es que Dios anhela este cambio aun más que nosotros. Y no solamente quiere ese cambio, sino que ¡lo exige! Así que, podemos avanzar con confianza, sabiendo que Dios no nos ordenaría hacer algo sin darnos el poder para realizar la tarea.

> *«Yo reprendo y disciplino a todos los que amo.*
> *Por lo tanto, sé fervoroso y arrepiéntete. Mira*
> *que estoy a la puerta y llamo. Si alguno oye mi*
> *voz y abre la puerta, entraré, y cenaré con él, y él*
> *conmigo. Al que salga vencedor le daré el derecho*
> *de sentarse conmigo en mi trono, como también*
> *yo vencí y me senté con mi Padre en su trono».*
> Apocalipsis 3:19-21

Después de reprender severamente a la iglesia de Laodicea por ser tibia, Jesús les pidió que simplemente abrieran la puerta. Antes que te abrumes con todo lo que está mal en la iglesia, recuerda que Dios no pone una carga imposible de llevar sobre tus hombros. Solo te pide que tengas comunión con él y que te unas a lo que está haciendo. Deberíamos llenarnos de fe y anhelo al recordar lo que Dios hizo en el Mar Rojo y en la tumba vacía. Respira profundamente. Arroja todo tu estrés a sus pies. Expresa la confusión que sientes al ver la diferencia entre tu iglesia y la iglesia de la cual lees en la Biblia. Háblale de tu insatisfacción por la falta de poder en tu vida.

EL TIEMPO AVANZA

«Así que tengan cuidado de su manera de vivir.
No vivan como necios, sino como sabios,
aprovechando al máximo cada momento
oportuno, porque los días son malos. Por
tanto, no sean insensatos, sino entiendan
cuál es la voluntad del Señor».
Efesios 5:15-17

Hace poco que soy abuelo. Escribir esto evoca una sensación muy extraña. Entre más viejo me pongo, más consciente estoy de que el final se acerca. Ya no hay tiempo para preocuparme de lo que yo quiero en la iglesia. No hay tiempo para angustiarme por lo que otros están buscando en la iglesia. Pronto estaré frente a él, así que debo permanecer enfocado en sus deseos. Por lo general, cuando participo en una conferencia hay un reloj frente a mí, con una cuenta regresiva diciéndome cuánto tiempo me queda en la plataforma. A veces imagino que ese reloj muestra la cuenta regresiva de mi vida y pienso que, en cuanto ese cronómetro se detenga, estaré cara a cara con Dios. Eso me da valor para decir todo lo que pienso que él quiere que diga en ese momento. Si en verdad estuviera a punto de morir, no me importarían tanto las quejas de la gente. Me obsesionaría por ver el rostro de Dios y buscar su aprobación.

Eso es exactamente lo que pienso en este instante. Si supiera que voy a morir al terminar de hacer este libro, ¿qué escribiría? Si no me importaran los efectos secundarios, solamente el serle fiel a Dios, ¿qué contendría este libro? Traté de escribirlo desde esa perspectiva.

2

LO SAGRADO

La primera vez que leí que Dios mató a Uza, solo por haber evitado que el arca del pacto se cayera, sinceramente me molesté. Uza tocó el arca porque los bueyes que la transportaban tropezaron (2 Samuel 6). Pareciera un error insignificante sustentado por buenas intenciones. Sí, Dios había prohibido que tocaran el arca, pero, ¿qué debía hacer Uza? ¿Dejar que algo tan sagrado como el arca, cayera al suelo?

¿No es un poco desconcertante que el sacrificio del rey Saúl le haya costado el reino (1 Samuel 13)? Después de todo, ya había esperado al sacerdote Samuel por siete días para que fuera y ofreciera el sacrificio, pero no llegó el día que había prometido. En mi opinión, parece que era un acto noble el hecho de que Saúl ofreciera sacrificio, porque no quería ir a la guerra sin antes reconocer a Dios. Ahora bien ¿el reino le fue arrebatado por eso?

¿Y qué en cuanto a Moisés, que no logró entrar a la tierra prometida por golpear la peña, en lugar de hablarle

(Números 20)? Después de todo lo que pasó Moisés, frustrarse con el pueblo y golpear la roca con ira, ¿fue algo tan grave?

También tenemos a Ananías y Safira. Ambos cayeron muertos por mentir acerca de la cantidad de dinero que donaron a la iglesia (Hechos 5). ¡Esto está en el Nuevo Testamento! Realmente, ¿quién no ha exagerado?

Para colmo, Pablo les escribió a los corintios que, muchos de ellos estaban enfermos e incluso algunos habían muerto por tomar la cena del Señor indignamente (1 Corintios 11:30). Si Pablo no estaba exagerando, entonces, ¿podríamos estar a un paso de la muerte?

Para nosotros, en muchas de las situaciones que implican un castigo en las Escrituras, este es demasiado severo para el delito cometido. Pero, ¿por qué pensamos así?

Porque no comprendemos el significado de lo «sagrado». Es que vivimos en un mundo centrado en el ser humano, entre personas que se consideran a sí mismas como la máxima autoridad. Somos ágiles para decir cosas como «¡No es justo!», porque creemos que, como seres humanos, meceremos tener ciertos derechos. Sin embargo, no pensamos en los derechos de los que Dios es merecedor por ser Dios. Incluso en la iglesia, actuamos como si las obras de Dios debieran girar alrededor de nosotros. Las historias de las Escrituras tienen la finalidad de mostrarnos que existe algo que es mucho más valioso que nuestra existencia y nuestros derechos. Hay cosas que le pertenecen a Dios. Cosas que son sagradas. Su arca del pacto, el mandamiento que le dio a Moisés, las ofrendas en el templo, su Espíritu Santo, su Santa Cena, su sagrada Iglesia. En todas las situaciones que mencionamos anteriormente, vemos personas que se precipitaron ante algo que era sagrado y pagaron un precio por ello. No deberíamos sorprendernos; más bien, tendríamos que postrarnos con humildad porque todos hemos hecho cosas mucho más irreverentes que esas. Agradezcamos a Dios por su misericordia y tengamos un comportamiento más cuidadoso en cuanto a los asuntos que son sagrados.

APURO POR LO SAGRADO

Vivimos en un mundo en el que la gente se precipita, sin mayor cuidado, a cualquier situación. Y es que si no nos apuramos, se nos pasan las oportunidades y las perdemos. Así que, seguimos frenéticamente el patrón que nos dicta el mundo e ignoramos el hecho de que Dios nos insta a actuar en forma diferente. La productividad no es pecado pero, cuando se trata de lo sagrado, Dios nos ordena proceder con mucha precaución. Otros, quizá vean estas cosas como ordinarias, pero nosotros no podemos ni debemos verlas así. Mientras que otros juzgan apresuradamente las obras de Dios y combaten sus mandamientos, nosotros debemos ser cuidadosos hasta para pronunciar su nombre. No cuestionamos negligentemente sus obras o la falta de ellas; en vez de ello, oramos: «Santificado sea tu nombre» (Mateo 6:9; Lucas 11:2). Mientras otros se apresuran a orar, demandando cosas y expresando su opinión, nosotros nos acercamos a su trono con reverencia porque, así como el sumo sacerdote entraba al Lugar Santísimo, de la misma manera debemos tratar la oración, como sagrada.

> *«Cuando vayas a la casa de Dios, cuida tus pasos*
> *y acércate a escuchar en vez de ofrecer sacrificio*
> *de necios, que ni conciencia tienen de que hacen*
> *mal. No te apresures, ni con la boca ni con la*
> *mente, a proferir ante Dios palabra alguna; él*
> *está en el cielo y tú estás en la tierra. Mide, pues,*
> *tus palabras. Quien mucho se preocupa tiene*
> *pesadillas, y quien mucho habla dice tonterías».*
>
> Eclesiastés 5:1-3

No sé si lo has notado, pero los jóvenes hablan con tanta prisa que hasta abrevian palabras para poder escribir la máxima cantidad por segundo. Este mundo habla de manera rápida y fuerte. Y nos tienta a hablar aun más rápido y a gritar mucho más fuerte para que nos escuchen, pero debemos evitar caer en esa tentación. La Biblia es clara: aquellos que hablan mucho, pecan mucho. No debemos creer que necesitamos pecar para tener una mayor influencia.

> *«Mis queridos hermanos, tengan presente*
> *esto: Todos deben estar listos para escuchar,*
> *y ser lentos para hablar y para enojarse».*
>
> Santiago 1:19

> *«El que mucho habla, mucho yerra; el*
> *que es sabio refrena su lengua».*
>
> Proverbios 10:19

Ha sido una lucha escribir este libro puesto que estoy abordando un tema muy sagrado. Confieso que no siempre he tratado a la iglesia como sagrada. Pasé años de mi vida haciendo «cualquier cosa que diera resultado» para obtener la atención de la gente. He sido parte de los millones de estadounidenses que se apresuran a hablar sin estar seguros de que su opinión es la correcta. Pero, en estos últimos años, he pasado mucho tiempo llorando en la presencia de Dios, confesándole mi arrogancia.

Parte de mí quiere dejar de hablar acerca de las cosas que son sagradas para Dios. Hubo varias ocasiones en que quise dejar de escribir este libro. Realmente llegué a pensar en borrarlo en vez de publicarlo. Me sentía más seguro al quedarme callado. No solamente me habría ahorrado toda la crítica que voy a recibir, sino que además me resguardaría de hablar erróneamente acerca de Dios. Sin embargo, esta forma de pensar dictamina que, si te quedas callado, nunca pecarás. Aunque no pretendo igualarme al profeta del Antiguo Testamento, cuando pienso en las cosas que Dios ha depositado en mi corazón, me encuentro en el mismo dilema que Jeremías. Dios le había dado palabras muy fuertes para transmitirle a su pueblo y, aunque Jeremías deseaba no decirlas, no pudo.

«Por eso la palabra del SEÑOR no deja de ser
para mí un oprobio y una burla. Si digo:
«No me acordaré más de él, ni hablaré más
en su nombre», entonces su palabra en mi
interior se vuelve un fuego ardiente que me
cala hasta los huesos. He hecho todo lo posible
por contenerla, pero ya no puedo más».
Jeremías 20:8-9

De modo que procedo con reverente cautela. Tratar a la sagrada iglesia de Dios, demanda de una instrucción cuidadosa y humilde. He aquí mi mejor esfuerzo.

MISTERIO SAGRADO

No hay honra más grande en esta tierra que pertenecer a la iglesia de Dios.

¿Cuándo fue la última vez que te sentiste asombrado por ser parte del cuerpo de Cristo? ¿Alguna vez te ha dejado maravillado tal privilegio?

> *«Pues nadie ha odiado jamás a su propio cuerpo; al contrario, lo alimenta y lo cuida, así como Cristo hace con la iglesia, porque somos miembros de su cuerpo».*
>
> Efesios 5:29-30

Cada creyente necesita ver estos versículos el tiempo suficiente como para quedar pasmado. Me refiero a que quede realmente aturdido. Pablo se refería a todo eso como un profundo misterio. Si lograr tus metas se convierte en tu ídolo, no te quedará tiempo para tratar con este misterio. Te precipitarás a leer el siguiente párrafo para poder terminar de leer este libro, en vez de detenerte a meditar en el milagro que significa que tú, como ser humano, estés unido a un Dios «que vive en luz inaccesible» (1 Timoteo 6:16).

> *«Esto es un misterio profundo; yo me refiero a Cristo y a la iglesia».*
>
> Efesios 5:32

Detente el tiempo suficiente como para que te maravilles. El sol queda a casi ciento cincuenta millones de kilómetros de distancia de la tierra, por lo que no tienes la capacidad de verlo de cerca.[1] Obviamente no puedes tocar el sol y quedar con vida; por tanto ¿cómo es posible que, en este momento te encuentres unido a aquel que brilla más que el mismo sol? Los mismos ángeles se tienen que cubrir el rostro con sus alas ante su presencia (Isaías 6:2), aun así, tú eres miembro de su cuerpo. ¿Por qué, alguien tan extraordinario escogería cuidarte como a su propio brazo?

Por favor, dime que no seguiste leyendo. Por favor, dime que te detuviste aunque sea por un minuto para adorar. ¡No puedes estar tan ocupado como para no poder hacerlo! Pero, no cabe duda de por qué no somos conocidos como los que «se alegran con un gozo indescriptible y glorioso» (1 Pedro 1:8). Y es debido a que no tomamos el tiempo para meditar en sus misterios.

UNA PEQUEÑA PARTE DEL TEMPLO

Una de mis escenas favoritas en la Biblia es la dedicación del templo, escrita en 2 Crónicas 7. Me hubiera encantado poder estar ahí para verla. Imagina que hubieras vivido ese momento.

> *«Cuando Salomón terminó de orar, descendió fuego del cielo y consumió el holocausto y los sacrificios, y la gloria del Señor llenó el templo. Tan lleno de su gloria estaba el templo que los sacerdotes no podían entrar en él. Al ver los israelitas que el*

fuego descendía y que la gloria del Señor se posaba sobre el templo, cayeron de rodillas y, postrándose rostro en tierra, alabaron al Señor diciendo: "Él es bueno; su gran amor perdura para siempre"».

2 Crónicas 7:1-4

¿Te imaginas ver el fuego descendiendo del cielo? ¿Cómo es la gloria de Dios? Imagino mi corazón latiendo con fuerza. Me veo luchando para respirar, evitando a toda costa desmayarme. Luego, al estar en medio de todo eso, sentir que me invade una enorme emoción y ganas de adorar junto a los demás creyentes. El templo era el lugar donde el cielo y la tierra se encontraban, donde los ojos humanos tuvieron un destello de su gloria.

El Nuevo Testamento describe algo superior. Pero, el hecho que desee la experiencia narrada en el Antiguo Testamento es un indicativo de que no aprecio la nueva realidad tanto como debiera.

«Por lo tanto, ustedes ya no son extraños ni extranjeros, sino conciudadanos de los santos y miembros de la familia de Dios, edificados sobre el fundamento de los apóstoles y los profetas, siendo Cristo Jesús mismo la piedra angular. En él todo el edificio, bien armado, se va levantando para llegar a ser un templo santo en el Señor. En él también ustedes son edificados juntamente para ser morada de Dios por su Espíritu».

Efesios 2:19-22

Daría cualquier cosa por estar afuera del templo y ver la gloria de Dios descendiendo. Pero tengo algo mejor: literalmente ¡soy parte del templo! Por alguna razón y gracias a la sangre de Cristo, él me hizo digno de unirme a otros para ser parte de la morada de Dios. Pedro nos describió como «piedras vivas» (1 Pedro 2:5). Eres una piedra de la estructura, la cual tiene como cimiento a los apóstoles y los profetas, y el propio Jesús es la piedra angular (Efesios 2:20). Cuando Pablo habló de ese concepto, utilizó el pronombre plural *ustedes* y el sustantivo singular *templo*. Así que estamos unidos para formar la casa de Dios. De alguna manera, soy un bloque de un templo que trasciende tiempo y espacio. Y, debido a que la estructura es un templo, esto quiere decir que Dios hace de nosotros su casa. A estas alturas de la narración, ¡deberías estallar de alegría!

No trates de resolver el misterio; contémplalo.

Cuando Pablo les explicaba a los corintios acerca de este misterio, les hizo una advertencia aterradora.

> *«¿No saben que ustedes son templo de Dios y que el Espíritu de Dios habita en ustedes? Si alguno destruye el templo de Dios, él mismo será destruido por Dios; porque el templo de Dios es sagrado, y ustedes son ese templo».*
>
> 1 Corintios 3:16-17

Reflexiona en la escena de 2 Crónicas 7, cuando el fuego y la gloria de Dios llenaron el templo, ¿habrías pensado en tomar un mazo y destruir el templo? ¡Claro que no!

Entonces, ¿por qué somos tan rápidos para difundir chismes, difamar al liderazgo y dividir la iglesia?

Si alguien destruye el templo de Dios, Dios destruirá a esa persona.

¿Por qué Dios es tan severo en cuanto a esto? Pablo explica que el templo de Dios es sagrado y, que todos juntos somos ese templo. Así que, piénsalo, ¿quieres seguir haciendo eso?

Seamos cuidadosos con nuestras palabras y nuestras acciones. Estamos tratando con algo sagrado. Escojamos el lado correcto, el de su protección. Tal vez por eso dijo Pablo en Tito 3:10 (RVR1960) que «Al hombre que cause divisiones, después de la primera y segunda amonestación, deséchalo». No podemos permitir la división. Dios abomina ese pecado. Su templo es demasiado sagrado.

En la actualidad, vivimos en una cultura en la que solemos evaluar y dar opinión acerca de todo. Sea de la pizza que comemos, del conductor de *Uber*, de la película que vimos, de la fotografía de nuestros amigos en los perfiles de sus redes sociales; todo está a nuestra disposición para que lo critiquemos y lo comparemos. De modo que en la iglesia, en vez de maravillarnos por el extraordinario misterio de ser parte del cuerpo de Cristo, criticamos al liderazgo, la música, los programas y todo lo demás. Señalamos las fallas en el sermón del pastor con la misma convicción con la que criticamos la interpretación del actor de la película que vimos o la derrota de nuestro equipo preferido. Al hacer eso, ¿no estaremos tomando un mazo y destruyendo el templo?

Recordemos que el templo era el lugar que Dios escogió para habitar en la tierra. Y ahora, ese templo es la iglesia.

Nosotros somos ese templo. Considera lo siguiente: en 2 Crónicas 7 —en la dedicación del templo—, no fue la única ocasión en la que cayó fuego del cielo sobre el templo. También sucedió en Hechos 2, cuando nació la Iglesia. Los discípulos estaban unidos y orando, cuando cayeron lenguas de fuego sobre ellos. Ellos eran el templo. El fuego cayó sobre sus cabezas y ya conoces el resto de la historia.

UN PEDACITO DEL CIELO

Formas parte de algo mucho más grande que tú, algo sagrado. Por medio del sacrificio de Jesús, eres parte de su iglesia. Gracias a esto, no solamente eres parte del templo sagrado de Dios, sino que también formas parte de la comunidad celestial. ¡Esto es incomparable!

Dedica un momento a leer los capítulos 4 y 5 del libro de Apocalipsis, ya que describe el panorama del cielo. Esta sección empieza con una imagen majestuosa de Dios sentado en su trono. La escena es ajetreada e intensa: los cuatro seres vivientes están declarando su santidad, los siete espíritus de Dios están ardiendo, una multitud de ángeles está alabando a Jesús en alta voz, los veinticuatro ancianos están postrados y colocan sus coronas delante de él. Y, finalmente, en Apocalipsis 5:8, aparecemos nosotros.

> *«Y cuando hubo tomado el libro, los cuatro seres vivientes y los veinticuatro ancianos se postraron delante del Cordero; todos tenían arpas, y copas de oro llenas de incienso, que son las oraciones de los santos».*
> Apocalipsis 5:8 RVR1960

¡Ahí estás tú! ¿Lo viste? ¡Esas son tus oraciones, en esa copa de incienso! ¿No es asombroso? ¡Tú y yo somos parte de esa extraordinaria escena!

Tal vez te sientas hasta un poco insultado por esto. Quizás estés pensando: *¿Es eso todo? ¿Mi única participación es que mis oraciones se agrupan con las de los demás creyentes en una copa de incienso?* No te preocupes, también se te menciona en el versículo 13, cuando tu voz se une al coro de miles de millones.

> *«Y oí cuanta criatura hay en el cielo, y en la tierra, y debajo de la tierra y en el mar, a todos en la creación, que cantaban: "¡Al que está sentado en el trono y al Cordero, sean la alabanza y la honra, la gloria y el poder, por los siglos de los siglos!"».*
>
> Apocalipsis 5:13

Este honor tan tremendo y sublime podría ser insuficiente para aquellos que están acostumbrados a ser dioses de sus propios blogs y de sus cuentas de Twitter. Es algo insignificante para los que han edificado sus propios altares en Facebook e Instagram, llenándolos con lindas fotos de sus rostros y sus cuerpos.

Es ahí donde está el verdadero peligro que debe ser atendido con urgencia: no comprendemos que el verdadero gozo proviene de hacer exactamente lo opuesto. El gozo viene de estar junto a todos aquellos que Jesús redimió, y deleitarnos en un mar de adoración al formar parte de algo tan sagrado.

El hecho de reunirnos con la iglesia debería dirigirnos a tierra santa. Tienes la oportunidad de reunirte con otras personas y adorar a Dios. Puedes mostrarle tu amor sirviendo a los que te rodean y considerarlos como más importantes que tú. No se trata de ti. Y eso debería alegrarte, porque esto es algo eterno. Es sagrado.

UNA PEQUEÑA PARTE DE UN PLAN ETERNO

¿Te has detenido a meditar en el hecho de que formas parte de un plan eterno? Considéralo con seriedad. Tu existencia no comenzó al momento de la concepción. Empezaste a existir en la mente de Dios, antes de la fundación del mundo. Medita sobre eso. Pocas cosas te harán sentir tan pequeño... o tan grande, como eso.

> «Dios nos escogió en él antes de la creación del mundo, para que seamos santos y sin mancha delante de él. En amor nos predestinó para ser adoptados como hijos suyos por medio de Jesucristo, según el buen propósito de su voluntad».
>
> Efesios 1:4-5

Lejos de ser un accidente, tú y yo somos parte de un plan magnífico, el cual comenzó antes que el planeta Tierra, y continuará después de él. Por eso, el menosprecio propio es tan perverso como calumniar a la iglesia de Dios. Y es que, al hacerlo, estamos despreciando lo que Dios planeó y creó con sumo cuidado. Él nos escogió antes de fundar el mundo, nos conoció antes de formarnos (Jeremías 1:5) y preparó obras para nosotros aun antes de ser creados (Efesios 2:10). Él ya tenía planes para su iglesia santa y decidió incluirnos en esos planes. Esta declaración debería llenar de profunda paz a nuestra alma angustiada. Cuanto más pienso en esto, más honrado me siento de haber sido escogido para ser parte del eterno plan de Dios con la iglesia.

Si no estás fascinado por ser incluido en la iglesia, te motivará saber que hay seres en el cielo que la observan maravillados.

> *«A mí, que soy menos que el más pequeño de todos los santos, me fue dada esta gracia de anunciar entre los gentiles el evangelio de las inescrutables riquezas de Cristo, y de aclarar a todos cuál sea la dispensación del misterio escondido desde los siglos en Dios, que creó todas las cosas; para que la multiforme sabiduría de Dios sea ahora dada a conocer por medio de la iglesia a los principados y potestades en los lugares celestiales».*
> Efesios 3:8-10 RVR1960

Analiza lo que se está diciendo aquí. Dios quería mostrar su sabiduría incomparable a los seres celestiales... así que, ¡creó la iglesia! Pienso que, como su iglesia, tenemos la sagrada responsabilidad de funcionar de tal manera que los principados y potestades en los lugares celestiales puedan maravillarse por la sabiduría de Dios. Ellos deben ver tal clase de unidad y armonía entre nosotros que muestre el magnífico plan de Dios.

Dos versículos antes, Pablo explicó que el gran misterio de Dios ahora es revelado a los gentiles que son miembros del mismo cuerpo, al igual que lo eran los judíos, gracias a lo que Jesús hizo en la cruz. ¡Este es el misterio divino que estaba escondido en Dios hacía siglos! La gran revelación que las potestades celestiales estaban esperando ha llegado. El telón se levanta y todos quedan sin aliento al ver que es… la Iglesia. ¿Cómo es posible? ¡No puede ser! ¿Gracias a la cruz, personas de toda lengua y nación se hacen miembros del cuerpo? ¡Impresionante! ¿Se une Dios mismo a su creación, permitiéndoles ser parte de su cuerpo? ¡Sorprendente! Ese fue su plan desde el principio. Que iba a llegar el día cuando el Dios todopoderoso habitaría en medio de personas de todas las razas. Que serían llevados a una unidad absoluta, ¡formando un templo que sería la morada de Dios!

¿Ahora puedes ver la importancia de todo esto? Muchos tratan a la iglesia como algo opcional, como si fuera una manera anticuada de conectarse con Dios y que su uso ya caducó. Prefieren conectarse con Dios a solas y a su manera, sin toda esa gente rara que hace más difíciles las cosas. Podemos sentirnos identificados con lo que algunos sienten acerca de la iglesia. Pero, cuando logramos verla desde la perspectiva de Dios, y cuando la apreciamos teniendo en cuenta el diseño de Dios, no podemos evitar quedar asombrados. Y es que, ¿quién sino Dios para trazar un plan tan hermoso y magistral?

No puedo evitar ver nuestra languidez al no captar la belleza del divino diseño de la iglesia. Es difícil de entender que, los mismos seres celestiales están impresionados por la iglesia de Dios, mientras que hay muchos en la tierra bostezando al pensar en ella. La iglesia primitiva no necesitaba música dinámica, buenos vídeos, líderes atractivos ni iluminación espectacular para sentir la emoción de ser parte del cuerpo de Dios. El evangelio era más que suficiente para que vivieran en asombro.

¿Acaso no te sientes, aunque sea, un poco avergonzado de necesitar todas esas cosas adicionales? Eso no es completamente tu culpa. Durante décadas, los líderes de la iglesia como yo hemos perdido de vista el poderoso misterio inherente a la iglesia y, en cambio, hemos buscado otros métodos para captar el interés de las personas. Con toda honestidad lo digo, los hemos entrenado a ustedes para que se hagan adictos a cosas inferiores. Hemos desvalorado algo que es sagrado y, por eso, debemos arrepentirnos.

3

EL ORDEN

Imagina que entras a un restaurante y pides un filete de res. Veinte minutos después, regresa el mesero y coloca un plato de espaguetis delante de ti diciendo que es la mejor pasta que probarás en tu vida. ¿Estarías conforme? Claro que no, le devolverías el platillo porque eso no fue lo que pediste, ¡ni siquiera se parece a lo que ordenaste!

En lo particular, siento que eso es lo que hemos hecho con la iglesia. Dios nos dio a conocer su «orden» para la iglesia. Nos indicó en la Biblia con toda precisión, lo que deseaba a través de sus mandamientos. Pero, en nuestra arrogancia, hemos creado algo que pensamos que funciona mejor. Y, en vez de estudiar diligentemente sus mandamientos para cumplir con lo que nos pide, nos hemos dejado influenciar por muchas otras cosas. Nos interesamos más por lo que queremos, por lo que otros podrían querer y por lo que los demás están haciendo. Le damos una ofrenda a

Dios, en el mismo espíritu de Caín, pensando que la aceptará, en vez de ofrendar lo que ya nos pidió.

MANDAMIENTOS VERSUS EXPECTATIVAS

Hay un ejercicio muy sencillo que me gusta hacer con los líderes de la iglesia. Primero, les pido que escriban una lista de todas las cosas que creen que la gente espera de su iglesia. Por lo regular, escriben lo más obvio como: un excelente servicio, ministerios bien establecidos para todas las edades, cierto estilo, volumen y duración de las canciones; un sermón bien predicado, que cuente con buenas instalaciones, por ejemplo: un estacionamiento amplio, ambiente limpio, café, guardería, etc. Luego, les pido que hagan una lista con las cosas que Dios demandó de la iglesia de acuerdo a las Escrituras. Por lo general, mencionan mandamientos como: «que os améis unos a otros, como yo os he amado» (Juan 15:12 RVR1960), «atender a los huérfanos y a las viudas en sus aflicciones» (Santiago 1:27), «id y haced discípulos a todas las naciones» (Mateo 28:19 RVR1960), «sobrellevad los unos las cargas de los otros» (Gálatas 6:2 RVR1960), etc. Después les pregunto qué sería lo que más molestaría a sus congregaciones: ¿Que la iglesia no proveyera las cosas de la primera lista o que no obedeciera los mandamientos de la segunda?

En el capítulo 12 del Evangelio según San Lucas, Jesús relató una parábola acerca de un amo que les encargó, a cada uno de sus siervos, unas tareas específicas. Cuando el amo regresó, esperaba ver las tareas terminadas. Cuando él vio la negligencia de sus siervos, estos fueron castigados severamente. ¿Cómo podemos ser indiferentes ante una parábola como esta? ¡Es una locura! Cristo viene pronto y espera ver que su Iglesia haya tomado en serio sus mandamientos. Sin embargo, a menudo nos preocupamos más por asuntos como la manera en la que se trasmite un sermón, si el grupo de jóvenes es atrayente o cómo mejorar la música. Hablando con sinceridad, ¿qué es lo que hace que las personas de tu iglesia se animen a cambiar? ¿Será ver que se están desobedeciendo los mandamientos de Dios? ¿O que no se están cumpliendo las metas que nosotros mismos hemos impuesto? Las respuestas a estas preguntas nos indicarán si nuestra iglesia se dedica a agradar a Dios o a complacer a los hombres y si es Dios quien dirige nuestra iglesia o somos nosotros.

En Marcos 7, vemos que Jesús estaba comiendo con sus discípulos cuando los fariseos los reprendieron por no lavarse las manos. Era una fuerte tradición de los ancianos que todos los judíos se lavaran las manos antes de comer (7:3). Así que, lo tomaron como una grave ofensa, como si a Dios le molestara mucho el hecho de que alguien no se lavara; pero el verdadero problema era este: Dios nunca le ordenó al pueblo que se lavara antes de comer. No había razón para pensar que a Dios le preocupara tanto ese detalle, especialmente si lo comparamos con todos los mandamientos que sí ordenó.

Jesús les respondió llamándolos hipócritas, diciéndoles que estaban «enseñando como doctrinas mandamientos de hombres» y, finalmente los acusó de que «invalidaban el mandamiento de Dios para guardar su tradición» (ver Marcos 7:7-9). A Jesús le enojó mucho eso.

Dios había dado mandamientos claros en el Antiguo Testamento y esperaba que su pueblo los obedeciera (exactamente 613 ordenanzas). Luego, conforme pasó el tiempo, el pueblo añadió tradiciones que Dios no les había pedido que observaran, pero ellos pensaron que era buena idea hacerlo. Por ejemplo, lavarse las manos y los utensilios antes de comer. En realidad, son buenas costumbres y no fue por eso que Jesús llamó hipócritas a los fariseos. Los reprendió fuertemente porque habían creado sus propias tradiciones para obedecer (cosas sin importancia), dando prioridad a esas prácticas insignificantes antes que a los mismos mandamientos que Dios les había dado (los cuales son extremadamente importantes).

Al honrar las tradiciones, los fariseos creían que estaban obedeciendo a Dios, cuando en realidad no era así. Si no tenemos cuidado, seremos culpables del mismo pecado, lo que generará el mismo resultado que en aquel entonces: el disgusto divino.

Una gran mayoría nos hemos acostumbrado a tradiciones que, genuinamente creemos fueron ordenadas por Dios. He conocido personas que se enfurecen cuando ven que no hay escuela dominical, pero que son indiferentes al ver que no se celebra la cena del Señor. Unos hacen rabietas por el estilo musical, mientras que les da lo mismo si no se atiende a las viudas y los huérfanos en necesidad. Incluso, algunos se pudieran sorprender al enterarse de que los sermones de cuarenta minutos no son un mandamiento, pero que en la Biblia encontramos este mandamiento «ayúdense unos a otros a llevar sus cargas, y así cumplirán la ley de Cristo» (Gálatas 6:2). Y pudiera seguir hablando de cómo todos los que se quejan de la vestimenta, del grupo de jóvenes y del tiempo que dura el servicio, son los mismos que no han hablado de su fe con otros en meses (o incluso años), y no les interesa hacer discípulos a los millones de personas que ni siquiera saben quién es Jesús.

Así que, es imperativo que conozcamos la diferencia entre lo que nosotros queremos y lo que Dios ordena. Esto no quiere decir que todos nuestros deseos sean malos, pero deben pasar a segundo plano ante lo que Dios enfatiza.

LO QUE FUNCIONA

He formado parte del liderazgo de la iglesia por treinta años. He pasado años de mi vida preguntándome: «¿Qué podrá funcionar?». Y con esta pregunta me refiero a «¿Qué necesitamos hacer para incrementar la asistencia a las reuniones?». Esto en sí no tiene nada de malo. Mi intención siempre fue ver vidas cambiadas y que más personas se interesaran en Cristo. Sin embargo, en mi fervor por ver resultados, ignoré algunos de sus mandamientos. Pero Pablo no hizo lo mismo. Si lees Romanos 9:1-3, puedes ver que Pablo estaba más interesado que nosotros en la salvación de los demás. Aun así, fue cuidadoso en cuanto a guardar lo que era sagrado.

Pablo evitó usar la retórica humana y se aseguró de que predominara el poder del Espíritu. A diferencia de Pablo, yo me preocupé por hacer cualquier cosa que me ayudara a mantener un auditorio lleno y facilitando a la gente la experiencia que buscaban.

Pablo superó todo eso. Los corintios querían que Pablo predicara con elocuencia, como los oradores a los que estaban acostumbrados a escuchar; pero Pablo se negó (1 Corintios 1:17). Ellos buscaban a un predicador que les hablara con el más alto grado de sabiduría humana, sin embargo, Pablo les dio lo contrario. Pablo limitó sus palabras porque no quiso minimizar el poder de la cruz. Quería que la fe de ellos se basara en el poder del Espíritu (2:1-5). Los corintios querían a una celebridad cristiana a quien elogiar y aplaudir (2 Corintios 11), pero Pablo evitó que la atención se centrara en él. Les predicó el mensaje que necesitaban en vez del que ellos estaban exigiendo.

«Pues Cristo no me envió a bautizar, sino a predicar el evangelio, y eso sin discursos de sabiduría humana, para que la cruz de Cristo no perdiera su eficacia».

1 Corintios 1:17

«Yo mismo, hermanos, cuando fui a anunciarles el testimonio de Dios, no lo hice con gran elocuencia y sabiduría. Me propuse más bien, estando entre ustedes, no saber de cosa alguna, excepto de Jesucristo, y de este crucificado. Es más, me presenté ante ustedes con tanta debilidad que temblaba de miedo. No les hablé ni les prediqué con palabras sabias y elocuentes, sino con demostración del poder del Espíritu, para que la fe de ustedes no dependiera de la sabiduría humana, sino del poder de Dios».

1 Corintios 2:1-5

Desde que tengo memoria, la asistencia a la iglesia ha ido decreciendo (en comparación al crecimiento total de la población).[1] Así que, no debemos asombrarnos cuando vemos a pastores bien intencionados tratando que la iglesia gane popularidad. Realmente este es un viejo truco que nunca ha funcionado. En el siglo diecinueve, el danés Søren Kierkegaard estaba horrorizado por el estado en el que se encontraba la iglesia, la cual —en su opinión— se había hecho apática e hipócrita. Kierkegaard creía que el verdadero cristianismo tiene un alto precio y demanda de mucha humildad. Debido a que el evangelio deja expuestas nuestras fallas y debilidades, declarando que solamente a través en la gracia de Dios podemos encontrar vida, y que al conocer que solo Jesús salva, nuestra autoestima se ve amenazada. Pero lo que Kierkegaard vio en la iglesia fueron los esfuerzos constantes para hacer del cristianismo algo agradable, más popular, menos ofensivo. Él decía que si le quitamos lo ofensivo al cristianismo y tratamos de hacer todo más divertido y fácil, «entonces, cierren las iglesias lo antes posible, o conviértanlas en lugares de esparcimiento que permanezcan abiertos todo el día».[2]

¿Suena eso apropiado para estos tiempos?

Alan Hirsch, fundador de una megaiglesia en Australia, explica su experiencia: «Si tienes que hacer uso de la mercadotecnia y del anzuelo del entretenimiento para atraer a las personas, entonces tendrás que seguir usando el mismo incentivo para evitar que se vayan. Atráelos con entretenimiento y tendrás que retenerlos de la misma forma. Es difícil mantener ese compromiso, por varias razones, al final terminamos siendo nuestros propios verdugos».[3]

Si enfocamos demasiado nuestra atención en lo que la gente quiere, lo único que lograremos es que la cantidad de quejas aumente. Entre más intentes satisfacer sus deseos, más se quejarán. En estos tiempos hay mucha gente que, en verdad, cree que su descontento ¡es culpa de la iglesia! La mayor parte de la culpa recae en líderes como yo, por haber manejado erróneamente esos problemas.

Si a las 11:00 de la noche, tu hijo de diez años te pide un café porque está cansado, debes decirle que se vaya a dormir. El sueño es la solución adecuada para remediar la fatiga. Muy a menudo le damos a la gente lo que quiere en vez de darle lo que necesita. Hay momentos en los que lo más amoroso que podemos hacer es enseñar a las personas que el gozo solo vendrá cuando dejen de gritar para llamar la atención y guarden sus voces para cuando estén ante el trono de Dios.

«Luego miré, y oí la voz de muchos ángeles que estaban alrededor del trono, de los seres vivientes y de los ancianos. El número de ellos era millares de millares y millones de millones. Cantaban con todas sus fuerzas: "¡Digno es el Cordero, que ha sido sacrificado, de recibir el poder, la riqueza y la sabiduría, la fortaleza y la honra, la gloria y la alabanza!". Y oí a cuanta criatura hay en el cielo, y en la tierra, y debajo de la tierra y en el mar, a todos en la creación, que cantaban: "¡Al que está sentado en el trono y al Cordero, sean la alabanza y la honra, la gloria y el poder, por los siglos de los siglos!". Los cuatro seres vivientes exclamaron: "¡Amén!", y los ancianos se postraron y adoraron».

Apocalipsis 5:11-14

¿Te imaginas participar en esa escena y sentirte aburrido? ¿Sientes que necesitas algo más? ¿Deseas que presten más atención a tus necesidades? ¡Imposible! ¡Para esto es que fuimos creados! No le estamos haciendo ningún favor a la gente pretendiendo que son el centro del universo. Lo sagrado, atemoriza a la gente o no la atemoriza. Si lo sagrado no es suficiente, entonces es claro que el Espíritu no ha obrado en sus vidas. Si las ovejas no oyen la voz de Cristo, déjalas que se vayan. No las llames con tu propia tu voz.

Y es que, a menudo agregamos nuestra propia voz pensando que, si les ofrecemos el servicio perfecto o les presentamos el evangelio en la envoltura adecuada para que nadie se ofenda, los convenceremos para que se queden. Si ajustamos la adoración al gusto de los adoradores y no al motivo de la misma, me temo que hemos creado iglesias totalmente centradas en sí mismas y no en Dios.

No digo esto para condenar ni señalar a nadie. Yo también soy culpable de eso. Cuando reflexiono en mi pasado y en las veces que caí preso de esa mentalidad consumista, no creo que mis intenciones fueran malas o que mi amor por Cristo era débil. Puede que Dios diga lo contrario pero, creo que mi error más grande fue el no haber pensado bien las cosas o no haber conversado lo suficiente con la *Persona* correcta. Quedé atrapado por el consumismo, como todos los demás, y puse demasiada atención a mis deseos personales y a los de los demás.

Con frecuencia, tomamos decisiones basadas en el nivel de placer que obtendremos. Es así como escogemos nuestra casa, nuestro empleo, nuestro auto, nuestra ropa, nuestra comida y hasta nuestra iglesia. Perseguimos lo que queremos y, en el proceso, nos aseguramos de que no violemos ningún mandato bíblico. Básicamente, queremos conocer más lo que Dios tolera que lo que desea. Es probable que temamos preguntarle qué es lo que más le agrada, ya que la ignorancia se siente mejor que la desobediencia.

La buena noticia es que, por la gracia de Dios, algunos de nosotros estamos viendo nuestros fracasos ahora y nos estamos entrenando para dar prioridad a los deseos de él. Las Escrituras son nuestro punto de partida, no el deseo humano ni incluso la tradición. De modo que, en vez de pensar en lo que disfrutaríamos o preguntar a los demás qué les gustaría, nos preguntamos: ¿Qué le agradaría más a Dios?

CONSAGRADOS A SUS ÓRDENES

El fundamento de la iglesia primitiva era todo lo que más le agradaba a Dios. Fue precisamente ese enfoque lo que la hacía atractiva. No es posible leer el libro de los Hechos sin *pensar: Esa es la comunidad de la que quiero ser parte.* Lo que ellos hacían era completamente extraordinario. La iglesia era tan atractiva que nada del mundo se le comparaba ni podía competir con ella. Era algo que nunca antes se había visto.

> *«Y se dedicaban continuamente a las enseñanzas de los apóstoles, a la comunión, al partimiento del pan y a la oración. Sobrevino temor a toda persona; y muchos prodigios y señales eran hechas por los*

*apóstoles. Todos los que habían creído estaban
juntos y tenían todas las cosas en común; vendían
todas sus propiedades y sus bienes y los compartían
con todos, según la necesidad de cada uno. Día tras
día continuaban unánimes en el templo y partiendo
el pan en los hogares, comían juntos con alegría y
sencillez de corazón, alabando a Dios y hallando
favor con todo el pueblo. Y el Señor añadía cada día
al número de ellos los que iban siendo salvos».*

Hechos 2:42-47 LBLA

En este relato de los primeros cristianos no encontramos ninguna intención de crear, como por arte de magia, una experiencia intensa. No invertían tiempo implementando estrategias que cautivaran a la gente. Después que Jesús se marchó para regresar a su Padre, esos nuevos creyentes se reunían para pedir la dirección de Dios y que él obrara a través de ellos; «Todos estos perseveraban unánimes en oración» (Hechos 1:14 RVR1960). Fue en una de esas reuniones que el Espíritu de Dios descendió sobre ellos y fue así que nació la iglesia, y «se dedicaban continuamente a las enseñanzas de los apóstoles, a la comunión, al partimiento del pan y a la oración» (2:42 LBLA).

Ningún movimiento moderno enfocado en el crecimiento de la iglesia, tomará en serio esta estrategia; después de todo, carece de emoción. Ciertamente, esos elementos son básicos, pero, ¿en verdad crees que es posible lograr algo simplemente con las enseñanzas de los apóstoles, la comunión, el partimiento del pan y la oración? Acaso, ¿no hay muchos que han intentado esta estrategia sin tener el asombroso resultado que obtuvo la iglesia primitiva? No, en realidad, en este pasaje hay una palabra clave que distingue a la primera iglesia de la que existe en la actualidad: *dedicación.*

En nuestra cultura impaciente, queremos obtener la asombrosa experiencia bíblica, pero sin devoción a la Biblia. Y es que, el eje de nuestra falencia no es tanto el estilo o la estructura, sino la falta de devoción. Gran parte de la temática actual se centra en cómo sacarles el mayor provecho a los servicios dominicales matutinos. Si la gente está dispuesta a sacrificar noventa minutos de su tiempo a la semana, ¿deberíamos dedicar ese tiempo a cantar, orar o predicar? ¿Deberíamos reunirnos en grupos pequeños o como un grupo numeroso? Todas estas son preguntas equivocadas. Deberíamos preguntarnos por qué los cristianos solamente dedican noventa minutos a la semana (¡cuando mucho!), a lo único realmente importante en sus vidas. Es así que los líderes trabajan incansablemente para comprimir la oración, la enseñanza, la comunión y la Santa Cena en un servicio de noventa minutos, porque piensan que es todo lo que deben hacer.

Es obvio que no podemos forzar la devoción en las personas, aunque tal vez hemos sido nosotros los que facilitamos esa condición. Al tratar de mantener el interés y la emoción en la gente, hemos creado sustitutos baratos de la devoción.

En vez de ocuparse en un sinfín de tareas, los primeros seguidores se dedicaban a unas pocas. Eso cambió al mundo. Pareciera que la iglesia en Estados Unidos está buscando constantemente más cosas nuevas que hacer. Queremos seguir las últimas tendencias en cuanto al crecimiento de la iglesia y pensamos que hay algo más que nos falta por hacer. Y que, si agregamos un miembro más al equipo, o si añadimos algo más al programa, nuestra iglesia será saludable. Es un juego de nunca acabar. ¿No estamos cansados de intentar lo mismo?

LAS ENSEÑANZAS DE LOS APÓSTOLES

La primera iglesia se dedicaba a las enseñanzas de los apóstoles. Hay un poder milagroso en las enseñanzas de los apóstoles, lo cual no encontramos en ningún otro escrito (Efesios 2:20; 2 Timoteo 3:16-17). La mayoría de los cristianos han oído que «la palabra de Dios es viva y eficaz y más cortante que cualquier espada de dos filos; penetra hasta la división del alma y del espíritu, de las coyunturas y los tuétanos, y es poderosa para discernir los pensamientos y las intenciones del corazón» (Hebreos 4:12). Conocemos el versículo pero, ¿lo creemos?

Si realmente creyéramos que la Palabra de Dios tiene tanto poder, ¿qué haríamos? Leeríamos estas palabras creyendo que tienen vida propia. Ciertamente, no pondríamos tanto énfasis en los predicadores ni en su habilidad para que «las Escrituras cobren vida».

Piensa en una de las películas que hayas visto, en la que una adivina pronuncia un conjuro. Todo se repite exactamente igual, porque el poder del hechizo proviene de las palabras que se pronuncian. Obviamente no estoy tratando de comparar la Palabra de Dios con un libro de hechizos; al contrario, deberíamos tratar la Palabra como sagrada y poderosa; nada menos que eso.

«El Espíritu da vida; la carne no vale para nada.
Las palabras que les he hablado
son espíritu y son vida».

Juan 6:63

Si estuviera en un parque jugando basquetbol y LeBron James jugara en mi equipo, buscaría cualquier oportunidad para pasarle el balón y luego me dispondría a observar la jugada con asombro. ¿Qué sucedería si pasáramos más tiempo leyendo públicamente la Palabra, animando a otros a hacer lo mismo? Creo que nos detendríamos a admirar con asombro cómo la Palabra de Dios cumple aquello para lo cual fue enviada.

«Porque como desciende de los cielos la lluvia y la
nieve, y no vuelve allá, sino que riega la tierra, y la hace
germinar y producir, y da semilla al que siembra, y pan
al que come, así será mi palabra que sale de mi boca;
no volverá a mí vacía, sino que hará lo que yo quiero,
y será prosperada en aquello para que la envié».

Isaías 55:10-11 RVR1960

A través de los años mis hábitos al predicar han comprobado que creo que sus palabras están muertas y requieren de mi creatividad para que cobren vida. Pablo dijo: «En tanto que llego, dedícate a la lectura pública de las Escrituras...» (1 Timoteo 4:13). Tal vez si hiciéramos eso con más frecuencia, podríamos levantar una nueva generación que sea seguidora de la Palabra de Dios y menos fanática de los predicadores.

Un amigo reunió a varias personas para dedicar un tiempo a la lectura bíblica en público. Leyeron por turnos, comenzando desde Génesis 1 y terminando, tres días después, en Apocalipsis 22. ¡Leyeron, en voz alta, toda la Biblia en setenta y dos horas! Mi amigo trató de describir lo que sintió cuando se leyeron las últimas palabras. Básicamente, no pudo explicarlo. La Palabra había hecho algo que excedió todas sus expectativas. En tres días, ese grupo de personas se atrevieron a hacer lo que muchos cristianos modernos no se atreverían a hacer en toda su vida.

¿Qué pasaría si nos deshiciéramos de todas las distracciones y nos convirtiéramos en personas que se ocupan en las Escrituras? Creo firmemente que veríamos tal poder en nuestras iglesias, como nunca lo hemos visto.

Hace tan solo unas semanas, en la reunión de nuestra iglesia, leímos en voz alta todo el libro de Apocalipsis. Comencé leyendo Apocalipsis 1:3 (LBLA): «Bienaventurado el que lee y los que oyen las palabras de la profecía y guardan las cosas que están escritas en ella, porque el tiempo está cerca».

¿No te parece ridículo que Dios prometa bendecir a cualquiera que lea Apocalipsis y, aun así, nadie lo haga? Así que nos turnamos para leer un capítulo por persona, hasta completar los veintidós del libro. Fue una experiencia poderosa. Leer la Palabra de Dios sin tener necesidad de adornarla, nos llevó a un nivel más profundo de adoración pura, mucho mejor que cualquier cosa que yo hubiera podido decir.

Todos hemos visto alguna vez un vídeo de gente, en los países subdesarrollados, lavando su ropa en agua sucia.

Puede que eso sea mejor que no lavar la ropa, pero la verdad es que esas prendas no quedan limpias. Así es como pienso que puede llegar a ser mi predicación. Ciertamente, es mejor que no decir nada, pero mis palabras siempre serán sucias en comparación a la pureza de la Palabra de Dios. Su palabra no necesita ser sustentada por el mundo. Es lo único que tiene poder para limpiarnos. Si en verdad queremos acercarnos a Dios con manos limpias y corazones puros, debemos tener un mayor anhelo por su Palabra.

EL PARTIMIENTO DEL PAN

Los primeros discípulos perseveraban en el partimiento del pan, lo cual —en el Nuevo Testamento— se refiere a compartir los alimentos con los cuales celebraban la cena del Señor. Piensa por un momento en lo que eso significaba para ellos. Todos los miembros de la iglesia primitiva fueron profundamente impactados por Jesús; su sufrimiento en la cruz, su muerte y su resurrección fueron hechos reales para ellos. Eran incomprendidos por los que los rodeaban, así que los golpeaban y los asesinaban por seguir a Jesús.

Con eso presente, imagínate lo que significaba para ellos reunirse con personas que compartían la misma misión e iguales creencias. Imagínate sentado alrededor de una mesa, compartiendo los alimentos con personas que te aman incondicionalmente y cuyas vidas han sido transformadas de la misma forma que la tuya. Y, al estar ahí sentados, no pueden evitar recordar a aquellos que se sentaban con ustedes, pero que murieron por proclamar su muerte. Algunos de los que están a tu alrededor tienen heridas y cicatrices de la persecución. Tomas el pan, lo partes y lo comes, recordando que Jesús entregó su cuerpo para ser partido, para que pudieras encontrar vida en él. Ahora, imagina que bebes el vino con los demás creyentes, mientras recuerdas cómo fue derramada su sangre. Lo hizo para que pudieras ser lavado y perdonado de todos tus pecados. ¿Puedes comprender lo poderosa que era esa experiencia para la iglesia cada vez que se reunían?

Si celebrar la cena del Señor ahora nos parece aburrido, tal vez sea porque hemos perdido de vista el valor del sacrificio de Jesús. Cuando la cena del Señor se convierte en una obligación, y no una necesidad vital, debemos examinar seriamente nuestros corazones. Dios quiere que amemos de tal manera la cena del Señor, al punto que sintamos que no podemos vivir sin ella. ¿Te has sentido así alguna vez o has permitido que el cuerpo molido de Jesús y su sangre derramada sean tan solo un concepto teológico para ti?

Dios diseñó la cena del Señor para que fuera un acto de intimidad mediante el cual recordemos su cuerpo y su sangre. Más que un simple ejercicio mental, él quería que comiéramos del pan y bebiéramos de la copa. La cena del Señor no significa solamente tener intimidad con Jesús; también es tener intimidad con los demás creyentes. Recuerda que Jesús, después de haber lavado los pies de los discípulos, les dio el mandamiento de que se amaran unos a otros, *así como* él los amó. Después de eso fue cuando les dijo que miraran su cuerpo molido y su sangre para que recordaran cuánto los había amado. Al reflexionar en la cruz y contemplar a las personas que nos rodean, deberíamos preguntarnos: ¿Estoy dispuesto a amar a esas personas, que están aquí, de esa manera? Probablemente, para muchos de los que asisten a la iglesia, esto luce como algo imposible, pero es lo que Cristo pide. Imagina que la iglesia estuviera llena de personas que diariamente fueran a la cruz unos por otros, ¿cómo podría alguien ser indiferente ante esa clase de amor? Este comportamiento es lo que deberían ver las personas no cristianas cuando nos observan partiendo el pan juntos. Si la cena del Señor se percibe como un elemento extraño, añadido a los servicios de nuestra iglesia, y no como la misma base de su existencia, entonces, no comprendemos la verdadera razón de ser de la iglesia.

LA FRATERNIDAD

Conforme el Espíritu de Dios le iba otorgando más y más poder a la iglesia, los creyentes se dedicaban a la fraternidad y la comunión. Tenían tal dedicación unos para con los otros que se distinguía la misma presencia de Dios en medio de ellos. Eso no es algo que se deba tomar a la ligera. Es más, el siguiente capítulo de este libro está dedicado a ese concepto. Así que, pongamos pausa al tema de la fraternidad y pasemos al siguiente elemento.

LA ORACIÓN

¿Recuerdas cuándo fue la última vez que te reuniste con otros creyentes para orar? O ¿solamente oras cuando es el momento de comer; o en la iglesia, en el tiempo de transición cuando termina el sermón, mientras el grupo de música sube al escenario?

¿Consideras que la oración es parte fundamental de tu iglesia? Si la oración no es vital para tu iglesia, entonces tu iglesia no es vital. Puede que esta declaración sea atrevida, pero creo que es totalmente cierta. Si puedes cumplir con la misión de tu iglesia sin orar diaria y apasionadamente, entonces esa misión no es suficiente y tu iglesia, por tanto, es irrelevante.

Los cristianos de la primera iglesia se dedicaban a la oración. Ellos sabían que no podrían existir sin ella. Si Dios no se manifestaba, ellos no podrían cumplir con la misión que él les había encomendado. Así que, constantemente, estaban juntos y de rodillas.

> *«Después que oraron, el lugar donde estaban reunidos tembló, y todos fueron llenos del Espíritu Santo y hablaban la palabra de Dios con valor».*
> Hechos 4:31 LBLA

En Hechos 4, vemos que, los primeros cristianos acababan de orar por señales, milagros y por valentía. Inmediatamente después, ¡todo el lugar se estremeció y salieron de ahí con valentía! ¿No quisieras, al menos, probar eso? ¿Acaso las «actividades de la iglesia» no parecen aburridas en comparación a esa experiencia? ¿Cómo podemos leer sobre esas experiencias de la iglesia primitiva y la oración, para conformarnos simplemente con tener servicios dinámicos? Creo que muy dentro de ti hay cierto anhelo de orar intensamente, en compañía de otros que tienen el mismo sentir, y juntos experimentar una respuesta sobrenatural.

UNA EXPERIENCIA MEJOR

Dios le ordena a la Iglesia que se dedique a su Palabra, a la comunión, al partimiento del pan y a la oración; ¿por qué? Porque Dios desea que su pueblo lo conozca por experiencia propia. Él, que es infinitamente más grande de lo que podamos imaginar —el Creador del universo—, desea tener intimidad con nosotros. Él nos dio un mapa para que lo busquemos y lo encontremos, pero lo hemos olvidado porque pensamos que tenemos mejores ideas. ¿Te das cuenta de lo absurdo que es esto?

Nuestro trabajo es mostrarle a la gente quién es Dios. Él está presente en su Palabra, en la comunión, al celebrar la cena del Señor y en la oración. Nuestro llamado no es a organizar asambleas, sino a mostrar quién es Dios y observar cómo atrae a las personas a sí mismo. Si la gente no está interesada en él, entonces ¿qué pensamos que estamos logrando al atraerlas utilizando otros medios? Debemos aceptar que no a todos les interesa Dios, pero necesitamos asegurarnos de que realmente es a Dios a quien estamos presentando. De otra manera, nos arriesgamos a que las personas asistan a nuestros servicios porque se han enamorado de nosotros.

LA FIESTA

Le pregunté a mi hija que cuántos niños querrían venir a su fiesta de cumpleaños si sirviéramos únicamente pastel de cumpleaños; nada de juegos ni entretenimiento. Los niños podrían venir a pasar tiempo con ella y a traerle regalos para celebrar con ella, pero no se les ofrecería nada. Lo pensó por un minuto y me dijo: «Tal vez vengan algunos». Luego, le pregunté cuántos asistirían si hacíamos la fiesta en un restaurante con videojuegos y les dábamos comida, premios y acceso ilimitado a los videojuegos. Ella se rio y me dijo con toda certeza que, de ser así, todos sus amiguitos asistirían.

Así que, supongamos que reservo el restaurante para la fiesta de cumpleaños y todos los amigos de su escuela llegan a la celebración. Todos se divierten y pasan el mejor tiempo de su vida. Imagina que, durante la fiesta, me acerco a mi hija y le digo: «¡Mira todos los niños que vinieron a estar contigo!». ¿Realmente creería mi hija que todos están ahí porque la aman y quieren pasar el día con ella? O ¿quizás mi comentario sería más bien un insulto?

¿No es eso, en esencia, lo que hacemos con Dios? Hemos aprendido que podemos llenar los auditorios si traemos a un predicador famoso o a una banda de moda. Haz el servicio, o el evento lo suficientemente emocionante y la gente vendrá. Luego decimos: «¡Mira, Dios, cuánta gente vino porque te ama y quiere estar contigo!». ¿En verdad creemos que podemos engañar a Dios? ¿Pensamos que todo eso le agrada a Dios? Si solamente ofreciéramos oración y Santa Cena, Dios sabe cuántos irán porque lo aman. Él sabe que serían muy pocos.

Creo que muchos hacemos eso con buenos motivos. Lo único que queremos es que la gente vaya a su fiesta. Pero, basándonos en lo que leemos en las Escrituras, ¿es eso lo que querría Jesús? Insisto, si Dios lo hiciera a su manera, ¿le gustaría que las iglesias estuvieran desesperadas por entretenerse? O ¿desearía que él fuera la razón por la cual la gente asiste, aunque eso representara una cantidad menor de personas? Además, ¿estamos seguros de que lo que Jesús está buscando son servicios con gran afluencia de personas? Porque el modelo que tenemos ahora de iglesia parece estar orientado solo a eso. Mike Breen dice: «La mayoría somos expertos en este asunto de la iglesia. Sin embargo, lo único que le interesa a Jesús son los discípulos; ese es el número que Jesús cuenta; no la asistencia en general, el presupuesto ni el edificio».[4]

En el libro de Malaquías, el pueblo de Dios se había aburrido de la adoración. La respuesta de Dios a ello no fue pacífica. Cuando el profeta Malaquías hizo un llamado al pueblo a recobrar la pasión, la devoción y el sacrificio de la verdadera adoración, la respuesta fue: «¡Oh, qué fastidio es esto!» (Malaquías 1:13 RVR1960). No veían la adoración como un privilegio, sino como una obligación. Hoy, responderíamos a esa situación diciendo: «¡Mira lo aburridos que están! Hagamos la adoración más emocionante, así la gente aprovechará mejor el tiempo».

Sin embargo, la respuesta de Dios fue muy diferente. Estaba tan ofendido, que hubiera preferido que se cerrara el lugar.

«¡Oh, si hubiera entre vosotros quien cerrara las puertas para que no encendierais mi altar en vano! No me complazco en vosotros, dice el SEÑOR de los ejércitos, ni de vuestra mano aceptaré ofrenda. Porque desde la salida del sol hasta su puesta, mi nombre será grande entre las naciones, y en todo lugar se ofrecerá incienso a mi nombre, y ofrenda pura de cereal; pues grande será mi nombre entre las naciones, dice el SEÑOR de los ejércitos».

Malaquías 1:10-11

Detengan todo. Cierren las puertas. Porque todo esto es un insulto (ver 2:3).

Hace años, un amigo de India, me acompañó a predicar a un lugar en Dallas. Cuando escuchó la música y vio las luces me dijo: «Ustedes los estadounidenses son graciosos. No asisten a un evento a menos que haya un buen predicador y una buena banda. En India, la gente se emociona solo con orar». Continuó diciéndome por qué, en su tierra, celebrar la cena del Señor es un motivo de extremado gozo y las reuniones de oración son muy concurridas. Me imaginé a Dios observando hacia abajo, viendo cómo en un lado, la gente se reúne expectante para orar; mientras que en otro lado del planeta, la gente se digna a asistir solo si habrá personas famosas y talentosas, y si logra la «atmósfera» adecuada. Eso es algo vergonzoso.

David Platt refuerza esto diciendo: «También me sorprende nuestra dependencia de tener al orador correcto y a los músicos adecuados para poder atraer el mayor número de personas al servicio de adoración. Pero, ¿qué pasaría si la iglesia misma —el pueblo de Dios reunido en un lugar— fuera la atracción, sin importar quién predique o quién cante ese día? Para muchos de nuestros hermanos y hermanas alrededor del mundo, esto es suficiente».[5]

Así como dijo Dios a través de Malaquías, habrá quienes siempre le adoren de todo corazón. Dios no está desesperado.

Aun así, es su deseo que todos sus hijos experimenten la plenitud de su presencia a través de la iglesia; por eso nos ha dado su Palabra, para mostrarnos cómo hacerlo.

Imaginémonos a los creyentes estremecidos, postrados de rodillas, mudos al comprender lo maravilloso que es hablar con Yahveh. Imaginémonos a unos grupos pequeños y a grandes multitudes, con ansiosas expectativas, que se reúnen simplemente para orar. Eso es posible hoy, ¡incluso en Estados Unidos de América!

Sueña con personas que visitan casa por casa para compartir el pan y celebrar la cena del Señor. Unos, rompiendo espontáneamente en llanto, otros postrándose en adoración, pero nadie indiferente. Unas personas alabando a Dios por su sacrificio, imaginando el dolor del Padre mientras veía fluir la sangre de Cristo. Otros en sus asientos, totalmente sin palabras, pasmados por la intimidad del momento al comer su cuerpo y beber su sangre. Mientras aun otros gritan de alegría al experimentar el lavamiento absoluto de sus pecados más horribles.

Sueña con grupos de personas que tiemblan al escuchar las Escrituras. Gente al borde de su asiento, dándole la honra que merece cada palabra de Dios, sin importar quién la esté leyendo, porque es la Biblia la que los tiene cautivados. Solo se dan explicaciones cuando se requieren pero, principalmente, la gente en espera para escuchar la verdad con el fin de arrepentirse y adorar.

Imagina a la gente viviendo en comunión verdadera, en perfecta armonía con Dios y con las demás personas. Una visión del Edén, donde Dios y los humanos caminan juntos. Y Cristo como centro de todas las relaciones. Imagina a Dios uniendo a las personas pese a sus diferencias, ahí juntos, maravillados al contemplar a Dios, así como sucede en el cielo.

4

LA PANDILLA

Vivimos en un tiempo en el cual las personas van a un edificio los domingos por la mañana, asisten a un servicio de una hora y por eso se consideran miembros de la iglesia.

¿Te escandaliza eso? Por supuesto que no, es algo absolutamente normal, así crecimos. Todos sabemos que los cristianos van a la iglesia.

Sin embargo, ¿has leído el Nuevo Testamento? ¿Encuentras en las Escrituras algo que se parezca, aunque sea un poco, a este patrón que hemos creado? ¿Lees acerca de alguien que «iba» a la iglesia?

Trata de imaginarte a Pablo y a Pedro hablando como lo hacemos hoy:

—Oye, Pedro, ahora ¿a cuál iglesia vas?

—Voy a la Iglesia El Río. Tienen muy buena música y me encanta su programa para los niños.

—¡Genial!, ¿puedo ir a tu iglesia el próximo domingo? Es que ya no me está gustando la mía.

—¡Claro! Este domingo no voy a ir, porque el pequeño Mateo tiene partido de fútbol. ¿Qué te parece si vas el domingo siguiente?

—Me parece bien. Y, ¿tienen grupo para solteros?

Es gracioso pensar que Pablo y Pedro hablaran así. Sin embargo, esa es una conversación normal entre los cristianos de ahora. ¿Por qué? Hay tantas cosas de esta conversación que están mal, que no sé por dónde comenzar. El simple hecho de que hayamos reducido el misterio sagrado de la iglesia a un servicio de una hora, es desconcertante. Aunque por mi lado y durante años, eso era lo que hacía. No sabía que estaba equivocado. Es lo que todos hacíamos, así que no se me ocurrió cuestionarlo.

COMO UNA PANDILLA

Medita en eso de esta manera. Rob, uno de los ancianos de mi iglesia, pasó la mayor parte de su vida en pandillas. Tuvo un encuentro con Jesús cuando estaba en la prisión. Hoy, es una de las personas más amorosas que conozco. Es más, dudo que conozca a alguien con más amor por Jesús y por la gente.

Rob me ha contado historias acerca de su vida con las pandillas y el miedo que sintió al salir de la suya para unirse al cuerpo de Cristo. Hacer eso estando en la cárcel es un acto suicida. Rob tuvo que cortar totalmente sus relaciones con la pandilla y, por si no lo sabías, este tipo de acción no es tolerada en ese ambiente. Pero el Señor intervino para salvar su vida. Y no era solo la tortura física ni la muerte a lo que le temía; sino al rechazo de los que amaba. Eran amigos muy queridos y leales que lo cuidaban las veinticuatro horas del día. La pandilla era su familia. Había entre ellos un compañerismo y un amor profundo debido a que habían pertenecido a la misma pandilla desde la infancia. Ahora iba a perder esas relaciones y se enfrentaría al odio de todos ellos.

La descripción de la vida en las pandillas se parece mucho a lo que la iglesia debería ser. Obviamente con grandes diferencias (sin drogas, asesinatos y pequeños detalles como esos), pero la idea de «ser una familia» es el tema central de ambas: la pandilla y el diseño de Dios para la iglesia. A pesar de que en la iglesia tenemos ciertos comportamientos de familia, las historias de Rob me demuestran que las pandillas tienen mucho más claro el concepto de familia que el que tenemos en la iglesia.

Basándote en lo que conoces acerca de las pandillas, ¿podrías imaginar la vida en pandilla minimizada a una pequeña reunión semanal de una hora? Ningún grupo que se reúna por solo un momento a la semana se puede llamar pandilla. Ahora, imagina a un miembro de una pandilla preguntándole a otro de los miembros: «Hermano, ¿qué tal estuvo la pandilla? Tuve que faltar esta semana porque han pasado muchas cosas en casa».

Todos sabemos lo suficiente acerca de las pandillas como para saber que eso es ridículo. Sin embargo, cada semana escuchamos que los cristianos se preguntan unos a otros: «¿Qué tal estuvo la iglesia?». Y es que, lo que Dios diseñó para que funcionara como una familia, ha sido reducido a una reunión opcional a la semana. Esto ha llegado a ser una situación normal. Usual. ¿Cómo llegamos a esto? Cualquier miembro de una pandilla te puede decir que todos se protegen mutuamente, que se brindan apoyo cualquiera sea la situación. Son leales, comprometidos y siempre dispuestos. Mientras que en muchas iglesias la conexión que existe entre los miembros, es exactamente igual a la que tienes con la persona extraña que se sienta a tu lado en el autobús.

AMOR SOBRENATURAL

¿Sería idealista pensar en la iglesia como una familia? Ciertamente es una buena idea, pero la verdad es que *nuestra familia* es la familia. ¿Quiere Dios, realmente, que nos relacionemos tan estrechamente con personas con las que no compartimos lazos sanguíneos, individuos que ni siquiera escogeríamos como amigos? Coincido en que es natural tener una relación cercana con nuestros familiares y algo antinatural experimentar una relación así con personas con las que no tienes nada en común. Sin embargo ¡precisamente de eso se trata! No tiene que ser algo natural; ¡es algo sobrenatural!

> *«Este mandamiento nuevo les doy: que se amen los unos a los otros. Así como yo los he amado, también ustedes deben amarse los unos a los otros. De este modo todos sabrán que son mis discípulos, si se aman los unos a los otros».*
>
> Juan 13:34-35

Un punto que el Nuevo Testamento deja bien claro es que la iglesia debe ser conocida por su amor. Jesús dijo que es precisamente el amor que tenemos el uno por el otro lo que atrae al mundo. Pero ¿puedes nombrar una sola iglesia de tu país que sea conocida por la manera en la que sus miembros se aman? Sé que podrás pensar en iglesias que son conocidas por su entusiasmo, por su predicación poderosa o tal vez por los talleres que imparten, o su buena producción; pero, ¿puedes nombrar una iglesia que sea conocida por su amor sobrenatural?

Esta frase: «unos a otros» se menciona más de cien veces en el Nuevo Testamento (ámense unos a otros... oren unos por otros... amonéstense unos a otros..., etc.), ¿por qué entonces no podemos nombrar a una iglesia que sea conocida por la manera en la que sus miembros se cuidan mutuamente? Dios considera este asunto de gran importancia. ¿Por qué para nosotros no es así? Como ancianos, en la iglesia Cornerstone, nos preguntábamos si las personas que asistían a nuestras reuniones percibían un amor sobrenatural. Y no es que hubiera falta de amor, sino que no se destacaba. Francamente, el amor que existía en nuestro medio no podía atribuirse al Espíritu Santo.

Es probable que algunos de ustedes estén pensando: *Bueno, esa fue la experiencia que tuvo Francis con su iglesia. La verdad, yo soy parte de una congregación muy amorosa, tal vez haya más amor que lo que él sentía en Cornerstone.* Eso es posible, pero necesitas saber que, hablando de todas las iglesias en Estados Unidos, Cornerstone era una sumamente amorosa. En verdad disfrutábamos estar juntos, reunirnos en grupos pequeños, servir a las personas de bajos recursos en nuestra comunidad y en otras partes del mundo. Éramos una iglesia muy cálida, atenta y, definitivamente, fuimos testigos de bellos actos de amor inspirados por el Espíritu. Con algunas excepciones notables, en realidad, no lográbamos experimentar lo que leíamos en la Biblia.

Como ancianos, no estábamos conformes con amar a la gente más que la iglesia vecina. Lo que buscábamos era el amor bíblico. Nuestro amor se podía comparar con el mismo que recibes de tus compañeros de trabajo o tus vecinos. A veces, somos muy rápidos para etiquetar nuestra experiencia en la iglesia y decir que hay «amor cristiano». Pero Jesús fue bien claro al decir que, aun los pecadores aman a los que los aman (Lucas 6:32-36). ¿Alguna vez has trabajado en un restaurante, te has inscrito en un gimnasio o has tenido una conversación agradable con otros padres de familia en los eventos deportivos de tus hijos? El amor que recibes en tu iglesia, ¿es diferente al que experimentas en esos lugares? Se supone que debería ser así.

Jesús dijo: «Así como yo los he amado, también ustedes deben amarse los unos a los otros» (Juan 13:34). Nuestro Rey, que dejó que lo torturaran y finalmente murió por nosotros, nos dice que nos amemos de la misma manera. ¿Has considerado amar a uno de tus hermanos cristianos de manera tan sacrificial y desinteresada, así como Cristo te amó? ¿Cuándo fue la última vez que cuidaste de manera abnegada, a un hermano o hermana en Cristo, con la intención de reanimarlo a cualquier costo?

Piensa en un par de personas de tu iglesia, trae a tu memoria sus rostros. Ahora, piensa en todo lo que padeció Jesús para atraer a sí mismo a esas personas en específico.

Recuerda los latigazos que soportó para que sus pecados fueran perdonados. Medita en que, al estar en la cruz, Jesús pensó en esas mismas personas. No hubo nada que él no hubiera hecho por ellos. Él hizo todo lo necesario para redimir, sanar y transformar a esas personas específicas. Jesús hizo lo mismo por ti. Así que, pregúntate: ¿A quién quiere Dios que busques? ¿Con quién desearías pasar más tiempo? Jesús llegó hasta lo último por ellos, ¿por qué, entonces, nosotros tendríamos reservas? Jesús buscó a esas personas y, por causa de ellas, descendió del cielo a la tierra; para hacerlas parte de su familia, ¿qué obstáculos te podrían impedir el hecho de buscar una relación familiar con ellas?

Hemos vivido el más grande amor que existe en el universo, ¿no debería ese mismo amor fluir desde nuestro interior y ser suficiente para conmover al mundo?

«Amados, amémonos unos a otros, porque el amor es de Dios, y todo el que ama es nacido de Dios y conoce a Dios. El que no ama no conoce a Dios, porque Dios es amor. En esto se manifestó el amor de Dios en nosotros: en que Dios ha enviado a su Hijo unigénito al mundo para que vivamos por medio de él. En esto consiste el amor: no en que nosotros hayamos amado a Dios, sino en que él nos amó a nosotros y envió a su hijo como propiciación por nuestros pecados. Amados, si Dios así nos amó, también nosotros debemos amarnos unos a otros. A Dios nadie le ha visto jamás. Si nos amamos unos a otros, Dios permanece en nosotros y su amor se perfecciona en nosotros».

1 Juan 4:7-12

¿Lo captaste? Aquí hay una promesa, que *si nos amamos unos a otros*, Dios *permanecerá* en nosotros y su amor se *perfeccionará* en nosotros. ¿Acaso hay algo mejor que podrías desear? Nuestra vida no refleja esta declaración. Y eso me rompe el corazón, porque en este pasaje también hay una seria advertencia: que los que no aman no conocen a Dios. ¿Qué dice esto sobre nuestras iglesias? La importancia de amarnos unos a otros se enfatiza a lo largo de las Escrituras (Romanos 12:9-10; 1 Corintios 13; 1 Pedro 4:8; etc.), por lo que no puedo evitar sentir que nos estamos perdiendo algo extraordinario por nuestro desamor.

UNIDAD SOBRENATURAL

Al acercarse el momento de la crucifixión, Jesús hizo una oración fascinante. Oró por sus discípulos y algunas de esas declaraciones han desafiado mi fe.

> *«Mas no ruego solo por estos, sino también por los que han de creer en mí por la palabra de ellos, para que todos sean uno. Como tú, oh Padre, estás en mí y yo en ti, que también ellos estén en nosotros, para que el mundo crea que tú me enviaste. La gloria que me diste les he dado, para que sean uno, así como nosotros somos uno: yo en ellos, y tú en mí, para que sean perfeccionados en unidad, para que el mundo sepa que tú me enviaste, y que los amaste tal como me has amado a mí».*
>
> Juan 17:20-23 LBLA

Jesús oró para que entre sus seguidores hubiera la misma unidad que existe entre el Padre y el Hijo. Él quiere que tú y yo seamos uno, así como el Padre y el Hijo lo son. ¿Habías considerado tener esta clase de unidad con tu iglesia? ¿Crees que eso sea posible?

Entonces sigamos adelante. La oración de Jesús no fue para que tú y yo nos toleremos y evitemos la división de la iglesia. Su oración fue que estuviéramos «perfectamente unidos». Oró así porque nuestra unidad comprobaría que Jesús es el Mesías. Jesús dijo que el propósito de nuestra unidad era *«para que el mundo sepa que tú me enviaste, y que los amaste tal como me has amado a mí».*

Para algunos, esta oración no tiene sentido. ¿En qué modo, nuestra unidad, dará como resultado que el mundo sepa eso y lo crea? ¿De qué manera, el ver que nos amamos, hará que alguien crea que Jesús realmente descendió del cielo? Es como decir que dos más dos equivale a mil. Pero recordemos que la Escritura está llena de ecuaciones imposibles. Marchar siete veces alrededor de una ciudad no podría dar como resultado que los muros se cayeran, pero sucedió (ver Josué 6). Podríamos pensar que la unidad de la iglesia no haría que la gente fuera salva; sin embargo, eso ocurrió (Hechos 2:44-47).

La iglesia estaba unida y el resultado directo de esa unidad fue la salvación de las personas. Hechos explica la trascendencia de esta unidad de la siguiente manera:

«Todos los creyentes eran de un solo sentir y pensar.

Nadie consideraba suya ninguna de sus posesiones,

sino que las compartían. Los apóstoles, a su vez, con gran poder seguían dando testimonio de la resurrección del Señor Jesús. La gracia de Dios se derramaba abundantemente sobre todos ellos, pues no había ningún necesitado en la comunidad. Quienes poseían casas o terrenos los vendían, llevaban el dinero de las ventas y lo entregaban a los apóstoles para que se distribuyera a cada uno según su necesidad».

Hechos 4:32-35

No sé a ti, pero este pasaje siempre me conmueve. La iglesia se ve muy hermosa y atractiva. Y es, precisamente, esa clase de amor lo que hace que nuestro mensaje sea creíble. La Escritura es muy clara: hay una verdadera conexión entre nuestra unidad como iglesia y la credibilidad de nuestro mensaje. Si tomamos en serio la responsabilidad de ganar almas perdidas, debemos también ser serios en la búsqueda de la unidad.

«Solamente comportaos de una manera digna del evangelio de Cristo, de modo que ya sea que vaya a veros, o que permanezca ausente, pueda oír que vosotros estáis firmes en un mismo espíritu, luchando unánimes por la fe del evangelio; de ninguna manera amedrentados por vuestros adversarios, lo cual es señal de perdición para ellos, pero de salvación para vosotros, y esto, de Dios».

Filipenses 1:27-28 LBLA

Si no leíste los versículos anteriores, por favor, regresa a leerlos. Cuando hayas terminado, vuélvelos a leer. Nota la promesa al final: nuestra audaz unidad «es señal de perdición para ellos (aquellos que se oponen a los cristianos)». Vivimos en un tiempo en el cual muy pocos creen en la ira de Dios. Aun las personas más malvadas que podríamos conocer no sienten ningún temor por el día del juicio. ¿Alguna vez has tratado de advertir y convencer a alguien de su destrucción futura? No es una tarea simple. Sin embargo, la Palabra nos dice que nuestra audaz unidad los convencerá.

¿Cuándo vamos a tomar esas promesas con seriedad y cuándo ocuparemos nuestra energía en la búsqueda de la unidad? No el tipo de unidad en la que evitemos las discusiones, sino la clase de unidad en la que verdaderamente vivamos juntos como familia. Unidad en la que suplamos las necesidades de los otros y nos interesemos por los demás sin importar la hora o el esfuerzo que se requiera. La unidad no se consigue muy fácilmente. Solo piensa en el trabajo que implica mantener unida a una familia; los actos de servicio que requiere, el perdón y la gracia que se brinda constantemente, todas las ocasiones en las que los deseos de uno pasan a segundo término por amor a los demás. Es fácil hablar de unidad, pero eso demanda un compromiso mutuo que no se ve en nuestras iglesias. Si queremos que se haga realidad, debemos analizar lo que cuesta y decidir si asumiremos la responsabilidad. No sé tú pero, en mi caso, no se me da de manera natural, ya que soy introvertido y soy feliz con un par de buenos amigos. La obediencia, por lo general, va en dirección contraria a nuestros deseos; si solo obedecemos cuando fluye naturalmente de nosotros, entonces Jesús no es el Señor de nuestras vidas. Sin embargo, el resultado de la obediencia es una bendición inesperada. Ahora que he comenzado a experimentar la verdadera unidad con mis hermanos y mis hermanas, no quiero que nunca se acabe.

Impulsar a la iglesia a vivir como familia no es ningún truco de magia ni un sabor de «iglesia» que sería divertido probar; es un mandato. Lo que Dios desea hacer es transformar la iglesia en una familia unida y sobrenaturalmente amorosa. ¿Creemos que Dios es capaz de hacerlo? ¿Confiamos que su plan para su iglesia será el más efectivo?

Hemos creado innumerables estrategias para alcanzar a los perdidos, cuando Dios nos prometió que la unidad es el método que funciona. Piénsalo, Dios nos dio instrucciones de cómo alcanzar al mundo, pero aun así decidimos dejar abandonado el manual que él nos dio y, por propio esfuerzo, inventar clases, programas y eventos que promuevan todo, menos la estrategia que Dios nos dio.

¿NOS HEMOS DADO POR VENCIDOS?

Cuando lees sobre la unidad que tenía la primera iglesia, ¿sientes celos? Algo dentro de ti desea haber nacido hace dos mil años para ser parte de un grupo como ese. Incluso, hasta te puedes sentir un poco deprimido al darte cuenta de que eso es lo que siempre has querido, pero que no lo encontrarás en la típica iglesia moderna.

Da tristeza ver que nuestras congregaciones no se parecen a la iglesia primitiva, pero es devastador el hecho de que no creamos que ello es posible.

Lo que observo es que mucha gente opta por abandonar la iglesia. Aun cuando aseguran que aman a Jesús, han decidido que la iglesia entorpece su caminar. Es muy doloroso ver que, aquellos que quieren estar cerca de Jesús, hayan abandonado a la iglesia.

En 1 Timoteo hay un versículo estremecedor en el que Pablo habla de dos hombres que rechazaron su fe. Pablo dijo que los había entregado a Satanás, refiriéndose con eso a que los expulsó de la iglesia (1:20). Básicamente, esos hombres se oponían —de manera deliberada— a la obra de Dios, así que —en vez de actuar como si todo estuviera bien— Pablo los sacó de la bendición y la seguridad de la comunidad de los creyentes. Al hacer eso, Pablo esperaba que la separación de la iglesia los llevara al arrepentimiento. ¿Te das cuenta de la importancia que tiene? ¡Pablo comparó el ser expulsado de la iglesia a ser entregado a Satanás! Es una locura pensar que vivimos en un tiempo en el cual las personas se someten a eso de forma voluntaria. Es decir, la iglesia no los expulsa de la comunidad, sino que ¡ellos mismos se entregan a Satanás!

Se supone que en la iglesia se debe encontrar amor verdadero, unidad y bendición. Pero muchos no están hallando esas cosas; así que, mejor se van por su propia cuenta. Jesús dijo que el mundo vería la unidad sobrenatural y el amor que tendríamos en la iglesia y que, a través de eso, creerían en él. Pero no estamos experimentando nada de eso. Nos hemos dado por vencidos. Hemos dejado de creer que eso es posible.

¿Qué pasaría si tomáramos con seriedad el hecho de que Dios describió a la iglesia como una familia? Imagina lo que sucedería si un grupo de personas buscaran a Jesús fervientemente, se amaran de manera abnegada y difundieran el evangelio con valentía.

Por desdicha, hay muchas personas en nuestras iglesias a las que no les interesa vivir amando a una familia así. Diré algo que puede parecer muy fuerte: ¿Y si dejamos que se vayan? Sí, sé que esta declaración va en contra de las estrategias modernas para el crecimiento de la iglesia, pero eso es exactamente lo que haría Jesús. Aun cuando nosotros diseñamos planes que aligeran el nivel de compromiso de la gente, alcanzando el crecimiento de la asistencia, Jesús llamó a gente que desde el principio eran conscientes del costo (Lucas 14:25-35). Él no esperaba que sus seguidores fueran perfectos, pero sí demandaba que estuvieran comprometidos (Lucas 9:57-62). Las personas que se van de tu iglesia porque se desaniman ante el nivel de compromiso relacional, encontrarán otra en la que suplirán lo que están buscando. No puedes modificar toda tu iglesia para satisfacer a alguien que terminará marchándose, de todas formas, si las cosas comienzan a parecerse demasiado a las del Nuevo Testamento.

Jesús no suavizó la verdad, pero sí nos prometió que su Espíritu puede unirnos de una manera que jamás hemos experimentado. Tal vez hemos estado tan distraídos con la tarea de hacer nuestras reuniones más emocionantes, que no percibimos a las personas a quienes el Espíritu nos quiere unir.

¿Y si decidiéramos seguir el diseño de Dios para la iglesia, permitiendo que el número de asistentes se reduzca a quienes deseen obedecer su mandamiento de «que se amen los unos a los otros, como yo los he amado» (Juan 15:12)? Nos daríamos cuenta de que, un árbol podado tiene la capacidad de dar más fruto (Juan 15:2), y tal vez descubramos que las ramas que no estaban produciendo fruto, en realidad, estaban absorbiendo los nutrientes vitales del resto del árbol.

No olvidemos que, a veces, Dios no solo desea que los dejemos ir, sino que anhela que les pidamos que se marchen. En ocasiones, se presentan situaciones difíciles de enfrentar, como lo son las personas que tratan de aprovecharse de las iglesias comprometidas con el amor. Para amarnos unos a otros como familia, debemos tener gracia y perdón. Sin embargo, algunas veces, lo más amoroso que podemos hacer por alguien no es solo no permitirle su pecado sino —siguiendo el ejemplo mencionado por Pablo en la primera carta a Timoteo— separarlo de la iglesia. Esa separación fue para beneficio mutuo, tanto de la iglesia como de las personas que fueron removidas. La unidad bíblica no se puede lograr si toleramos el pecado, se logra a través de una acción firme que puede conducir al arrepentimiento. El amor incondicional no se parece, necesariamente, a lo que queremos. Se requiere un amor extraordinario para guiar al pecador al arrepentimiento, aun a riesgo de ser rechazado.

TEN ÁNIMO

Durante muchos años dudé, francamente, que fuera posible lograr una iglesia que se destacara por el amor y la unidad que veo en las Escrituras. La gente continuaba diciéndome que eso no pasaría en Estados Unidos. Pude observar esta característica en lugares como China, pero los líderes allá me explicaron que la vida comunitaria es una práctica común y, debido a la persecución, la unidad es más fácil de lograr. Siempre tuve dudas, por lo que no fue sino hasta hace unos años que me armé de valor para probarlo. Fue más difícil de lo que pensé, pero a su vez, más gratificante de lo que imaginé. Lo mismo puede suceder en el lugar donde te encuentras, ya que el amor y la unidad que provienen del Espíritu Santo no son exclusivos de los países donde los cristianos sufren persecución.

SIERVOS

¿Cómo responderías, si en este momento, Jesús te quitara los zapatos y comenzara a lavarte los pies? Trata de imaginarte ese cuadro.

Yo no podría contenerme. Me imagino que lloraría incontrolablemente. Creo que me sentiría muy indigno e incómodo pero, a la vez, muy seguro y honrado. Con dificultad, logro imaginarme que estoy en una misma habitación con Jesús. En mi mente no hay un compartimento en el que quepa la idea de que, mi Creador y Juez lave mis pies. Me parece imposible.

Nuestra fe se basa en la convicción de que el Dios todopoderoso se humilló a sí mismo para servirnos y para morir por nosotros. El mandamiento de imitarlo sirviendo a los demás es la raíz de nuestro llamado. Después de haber lavado los pies a sus discípulos, Jesús les ordenó que se los lavaran unos a otros (Juan 13:14). A pesar de eso, ¿cuál es el porcentaje de cristianos que van los domingos dispuestos a servir a otros?

«El Hijo del Hombre no vino para ser servido, sino para servir y para dar su vida en rescate por muchos».

Mateo 20:28

No es de sorprender que la mayoría de las personas que acuden a la iglesia van como consumidores, no como servidores. Podemos ver lo absurdo de esa realidad, sin embargo, nos hemos resignado a ella. Hemos aprendido a aceptarla como si no hubiera nada qué hacer al respecto. Las personas dan sus ofrendas, lo cual paga los salarios de los que laboran en la iglesia; de modo que, dichos trabajadores deberían cumplir con su obligación y ministrar a la gente. Ese pareciera ser un sistema justo y eficiente, y reconozco que en algunas partes, eso funciona muy bien. Pero eso no es lo que Dios quiso, aunque funcione.

«Por tanto, si hay algún estímulo en Cristo, si hay algún consuelo de amor, si hay alguna comunión del Espíritu, si algún afecto y compasión, haced completo mi gozo siendo del mismo sentir, conservando el mismo amor, unidos en espíritu, dedicados a un mismo propósito. Nada hagáis por egoísmo o por vanagloria, sino que con actitud humilde cada uno de vosotros considere al otro como más importante que a sí mismo, no buscando cada uno sus propios intereses, sino más bien los intereses de los demás. Haya pues, en vosotros esta actitud que hubo también en Cristo Jesús, el

cual, aunque existía en forma de Dios, no consideró
el ser igual a Dios como algo a qué aferrarse, sino
que se despojó a sí mismo tomando forma de siervo,
haciéndose semejante a los hombres. Y hallándose en
forma de hombre, se humilló a sí mismo, haciéndose
obediente hasta la muerte, y muerte de cruz».

Filipenses 2:1-8 LBLA

Dios quiere que te parezcas a su Hijo, especialmente cuando te reúnes con tu familia de la iglesia. ¿Vas a las reuniones con la intención de servir? Sé que muchos de ustedes, al leer esta pregunta, se sintieron agobiados; como si un gran peso se depositara sobre sus hombros. Y es que, como llevan unas vidas muy ocupadas, quieren que las reuniones de la iglesia sean como un lugar de descanso, donde puedan recibir alimento. Si piensas que, sentarte cómodamente y dejar que los trabajadores de la iglesia te alimenten te traerá mucha satisfacción, estás muy equivocado. Dios promete que, aquellos que dan, serán mucho más bendecidos (Hechos 20:35). Los que solo se aprovechan de lo que los demás les dan, son las personas más miserables de la tierra. Sin embargo, lo que nos destruye es nuestra imposibilidad de quitar el enfoque en nosotros mismos y ponerlo en los demás. De eso es de lo que nos salva Jesús. Lo mismo que el Espíritu Santo desea hacer en nosotros. Las personas más humildes son, por lo general, las más felices.

Imagina que te reúnes con un grupo de personas que viven buscando la manera de servirse mejor el uno al otro. ¿Alguna vez has estado en un lugar lleno de personas con tanta humildad de corazón, que consideren a los demás como más importantes que ellos mismos? No hay nada más agradable que eso. Cuando las personas que sirven se reúnen, la vida de todos los que están en ese lugar se edifica. Dios aborrece el consumismo porque es un impedimento para la vitalidad de la iglesia que él planeó. Así que, no abandones el sueño, la iglesia no tiene por qué reducirse a un grupo de personas que demandan atención y que se quejan porque no se les ha alimentado lo suficiente. En verdad, se puede convertir en un grupo de servidores cuyas vidas florecen y prosperan al servir.

CÓMO EXPERIMENTAR A DIOS

Pablo le explicaba a la iglesia en Corinto que cada persona en la congregación poseía una habilidad sobrenatural para bendecir a los demás, dentro de la iglesia. A esas habilidades las llamó «manifestación[es] del Espíritu» (1 Corintios 12:7; 14:12). ¿Te emociona esa imagen? ¡Qué asombroso es ver a Dios moverse a través del cuerpo humano! Algunos hemos visto personas cuyos cuerpos están poseídos por demonios que se manifiestan y hablan a través de ellos. Otros han visto caracterizaciones de eso gracias a Hollywood. Leemos estas historias en las Escrituras, podemos imaginarnos a un demonio tomando el control absoluto de alguien y haciéndolo actuar y hablar a su gusto.

¿Por qué es que nos resulta más fácil imaginar una posesión demoníaca que una manifestación del Espíritu Santo? La mayoría podríamos decir que creemos que hay posesiones demoníacas, pero ¿creemos que el Espíritu puede obrar a través de nosotros de una manera superior? ¡Nuestras reuniones estaban destinadas a ser sobrenaturales! Si nos enfrentáramos a una mujer poseída por un demonio, quedaríamos espantados varios días; sin embargo ¿ver a alguien lleno del Espíritu no debería ser igualmente sorprendente y memorable? ¡Debemos elevar nuestras expectativas! Si supieras que el Espíritu Santo se va a manifestar a través de alguien en un servicio, ¿no te emocionaría pensar en la próxima reunión de iglesia? ¿Y si se manifiesta en todos?

Nos hemos convertido en personas fáciles de complacer. Nos conformamos si alguien se va contento de la iglesia pero, ¡Dios quiere que todos se maravillen! No estoy sugiriendo que nuestros servicios sean excéntricos; ni que se lleven serpientes venenosas. Tampoco estoy diciendo que exageremos y lleguemos al punto del delirio emocional, lo cual carece totalmente de esencia divina. Lo que estoy diciendo es que nos hemos conformado con lo natural y nuestras decisiones no dan evidencia de que creemos en el Espíritu Santo. Por tal razón, terminamos teniendo reuniones lógicas y que, a veces, se sienten mecánicas y hasta obligatorias.

Pablo quería que los creyentes se reunieran con la confianza de que Dios deseaba moverse en medio de ellos, cohabitar y manifestarse a través de ellos para la edificación de todos. ¿Vas a las reuniones con esa misma expectativa? Si te conformas solamente con recibir de los demás, te perderás la emoción que es sentir al Espíritu Santo manifestándose a través de ti. Eso hará que te sientas insatisfecho y que la iglesia sufra. Tu don espiritual es muy necesario.

La iglesia, por tradición, valora a las personas de la misma manera que lo hace el mundo. Buscamos buenos líderes, comunicadores hábiles y artistas talentosos. Apreciamos sus dones, sus talentos y, también, que los hagan evidentes. Y, así como lo hace el mundo, menospreciamos a aquellos que, inicialmente, parecen no tener mucho que ofrecer. ¿Acaso nuestras acciones demuestran que esperamos que todos los miembros del cuerpo contribuyan sobrenaturalmente? Jamás nos atreveríamos a mirar a Dios a los ojos y decirle que pensamos que uno de sus hijos es un inútil; pero, no necesitamos decirlo con nuestros labios, si nuestras acciones lo están gritando.

Junto con los ancianos de la iglesia, hace un par de años, tuvimos que arrepentirnos después de terminar de estudiar la carta de 1 Corintios, capítulos 12 al 14. Nos dimos cuenta de que había numerosas personas, en nuestra congregación, de las que no esperábamos mucho. Comenzamos a orar por cada uno, por nombre y apellido, y nos acercamos a ellos —de manera individual— para animarlos. Decidimos encontrar a los más menospreciados en nuestra congregación para recordarles la verdad bíblica y para decirles cuánto los necesitábamos. Después de todo, en el contexto de 1 Corintios, ¿no nos explicó Pablo que Dios escogió a los menospreciados del mundo para mostrar su poder (1:26-27)? ¿Cómo sería nuestra forma de actuar si realmente creyéramos eso? ¿Acaso no estamos sobrevalorando a las personas adineradas, hermosas y talentosas, tal como lo hace el mundo? Hay tanta gente que entra y sale de nuestros servicios sin recibir atención. Por alguna razón, son los millonarios, los ejecutivos de las compañías y los famosos, a quienes damos toda nuestra atención. ¿Qué dice eso de nosotros?

LA TAREA DE LOS LÍDERES TALENTOSOS

Tenemos que dejar de ver a los líderes como personas que nos ministran. Dios explicó claramente el papel de estas personas; el objetivo de ellos es equiparte, no consentirte. Piensa en ellos como en los entrenadores personales, no como en los masajistas terapéuticos.

> *«Y él dio a algunos el ser apóstoles, a otros profetas,*
> *a otros evangelistas, a otros pastores y maestros,*
> *a fin de capacitar a los santos para la obra del*
> *ministerio, para la edificación del cuerpo de Cristo».*
>
> Efesios 4:11-12 LBLA

Nuestro Padre sabe que todos sus hijos son extremadamente talentosos. Dios está convencido de ello. Él hizo un trabajo maravilloso al crear a cada uno de ellos y llenarlos de poder sobrenatural. Dios desea ver a todos sus hijos sirviendo a su mayor capacidad y ha asignado líderes en esta tierra para asegurarse de que así será. Muy pocos alcanzan a comprender que este es el papel que desempeñan sus líderes; aun estos mismos no comprenden que esa es su función. Los líderes se han convertido en una clase de entrenadores personales que levantan pesas y corren en la caminadora mientras que sus clientes se sientan a contemplarlos maravillados. Al final, los líderes se preguntan por qué la gente no se desarrolla como debiera.

En mi casa hay una pared que tiene muchas marcas. Ahí es donde mis hijos miden su crecimiento cada cierto tiempo, para ver si han crecido. Ellos se emocionan con cada centímetro que crecen (Lisa y yo engendramos hijos de baja estatura), y se decepcionan cuando ven que no han crecido por algún tiempo. ¡Quieren ver su propio crecimiento! Aquellos que son padres por primera vez, constantemente miden y pesan a sus bebés para asegurarse de que los están alimentando correctamente. Sin embargo, si el bebé no crece, entran en pánico y hacen los ajustes necesarios. El crecimiento es algo que se espera.

Entonces, ¿por qué no esperamos ver eso en la iglesia? Semana tras semana llegan las mismas personas con muy poco o ningún cambio en su vida. A pesar de ello, y de manera descabellada, hemos decidido continuar haciendo exactamente lo mismo, esperando obtener resultados diferentes. Cada semana las mismas conversaciones, el mismo «buen sermón», el mismo «nos vemos la próxima semana». Si no hay fruto, ¿acaso no es tiempo de un cambio? Hace poco escuché a alguien decir: «Tu organización está perfectamente diseñada para brindarte los resultados que estás obteniendo en este momento». Puede que sea hora de un cambio radical.

Aun si quisiéramos que todos usaran sus dones, tomando en cuenta la manera en la que estamos haciendo las cosas, ¿sería posible ese cambio? No hay tiempo suficiente. Cuando minimizamos todo lo que significa «iglesia» a un servicio de noventa minutos, donde hay una enseñanza de cuarenta y cinco minutos y la música es por treinta minutos, nos quedan quince minutos para anuncios y un ligero apretón de manos con el vecino del asiento contiguo. La pregunta es: ¿Estamos creando el espacio necesario para que cada individuo sienta que puede ser usado por Dios para animar y edificar a los demás? ¿O hemos hecho nuestros servicios tan profesionales e impresionantes, que solamente una minoría selecta puede contribuir?

Hablando respecto de la iglesia, Pablo dijo: «Conforme al funcionamiento adecuado de cada miembro, produce el crecimiento del cuerpo para su propia edificación en amor» (Efesios 4:16 LBLA). La única manera en la que una iglesia alcanza madurez es cuando todas las partes «funcionan». Si desistimos del objetivo de que cada miembro ejercite sus dones espirituales, entonces estamos destinados a la inmadurez perpetua.

¿QUÉ ESTAMOS ENGENDRANDO?

Si todos los graduados de la Universidad de Harvard terminan trabajando en un restaurante de comida rápida, ¿quién, en su sano juicio, gastaría la fortuna que se requiere invertir para que sus hijos estudien en esa institución? Se supone que en Harvard se forman profesionales que salen listos para competir por posiciones de alto nivel. De la misma manera, Pablo esperaba que la iglesia produjera santos que fueran valientes, trabajadores e inmutables ante las falsas enseñanzas y capaces de resistir la tentación (Efesios 4:11-14). Pablo describió el propósito de aquellos que estaban bajo su liderazgo y usó las frases: «Condición de un hombre maduro» y «la medida de la estatura de la plenitud de Cristo» (Efesios 4:13). ¿Podrías describir a los miembros de tu iglesia en estos términos?

Tenemos grandes expectativas con alguien que ha pasado cuatro años estudiando en Harvard. Asimismo deberíamos esperar mejores resultados de aquellos que han pasado cuatro años (¡o cuatro décadas!) en la iglesia.

En última instancia, todo se resume a lo que producimos. Nos concentramos tanto en que la gente entre a la iglesia, que no pensamos en lo que está saliendo de ella. El propósito de la iglesia no es solamente existir; es producir. ¿Estamos produciendo discípulos maduros que imitan a Cristo en el servicio continuo a los demás? ¿Desarrollamos comunidades cuya característica principal sea el amor en una manera que el mundo se maraville al verlas (Juan 13:34-35)? Si no estamos produciendo eso, ¿para qué existimos?

Coincido con lo que escribió Mike Breen: «¿Acaso solo servimos para reunir gente una vez por semana o, en verdad, estamos produciendo una comunidad como la que leemos en el Nuevo Testamento? ¿Hemos cambiado nuestro modelo de buen discípulo, por alguien que apoya las actividades, ofrenda y ocasionalmente alimenta al pobre y al hambriento?».[1]

CONVIÉRTETE EN ALGUIEN ATRAYENTE

Hace veinte años mi esposa fue al gimnasio (no es lo suyo). Cuando llegó a casa, le pregunté cómo le había ido. Así que empezó a decirme que había tomado una clase de aeróbicos (una gran cosa en los años noventa), pero a pesar de eso, no sintió beneficio alguno. Cuando le pregunté el porqué, me explicó que la instructora era tan obesa que le resultó muy difícil sentirse motivada. La intención de Lisa no fue ser grosera, simplemente que estaba acostumbrada a tener instructoras que la hacían sentir envidia de sus figuras. Ese es el método de venta que usan para los aparatos de ejercicios en televisión; porque saben que eso nos motiva. Contratan a un hombre o una mujer con un cuerpo tonificado para que se ejercite en uno de sus aparatos y de esa manera te manipulan para que saques tu tarjeta de crédito, con la esperanza de llegar a parecerte a ellos.

Al leer acerca del apóstol Pablo, me siento desafiado a ser como él. Cuando leo de su anhelo por Cristo (Filipenses 1:21-26), su perseverancia en el sufrimiento (2 Corintios 11:16-33) y su amor por la gente (Romanos 9:1-3), me conmuevo. Quiero parecerme a él, quiero su paz. Así como Pablo, quiero saber al final de mi vida que no la desperdicié. Lo que me mueve es su ejemplo, no sus palabras.

A pesar de que, en la actualidad, hay muchos conductores de programas, blogueros y oradores, realmente nadie los admira. Lo único que hacen es hablar. Los oradores pueden engañar a algunos, pero la verdad es que la gente solo admira a alguien cuya vida es digna de imitar. Al parecer, en la iglesia, hemos perdido de vista esta realidad. Buscamos cautivar a la gente con nuestros discursos, aun cuando nuestro estilo de vida no es nada convincente. Nos enorgullece cuando podemos exhibir familias felices e hijos vírgenes que no usan lenguaje obsceno.

Sin embargo eso, difícilmente, le demuestra a la gente que Dios está con nosotros y no con ellos. Si lo analizáramos con objetividad, podríamos comprender por qué la gente no está tocando a la puerta de nuestras iglesias.

Si los musulmanes estuvieran anunciando buñuelos gratis y un sorteo para regalar un *iPad*, como estrategia para atraer gente a sus eventos, les diría que eso es ridículo. Sería una prueba de que su dios no contesta las oraciones. Si necesitaran hacer conciertos de rock e invitar predicadores agraciados para reunir multitudes, los consideraría desesperados y a su dios una deidad barata y débil. Por favor, comprende que no estoy juzgando ninguna iglesia que trabaja arduamente y con buena motivación para que la gente vaya a sus reuniones. Yo pasé varios años haciendo lo mismo, y considero que lo hice con un corazón sincero, porque quería que la gente escuchara el evangelio de cualquier forma posible. ¡Alabo a Dios por las personas con un corazón sincero! Lo único que te pido es que aprecies cómo ve el mundo estas cosas. Aunque nuestras buenas intenciones puedan atraer a más gente a nuestras reuniones, eso también ha hecho que toda una generación tenga una percepción muy inferior de nuestro Dios. A mucha gente le resulta difícil asimilar por qué un grupo de personas, que supuestamente están llenas del Espíritu Santo y hablan directamente con el Creador del universo, necesitan recurrir a estratagemas.

NO MÁS IGLESIA

¿Acaso llega un momento en que la iglesia ya no es iglesia? ¿Sucederá eso solamente si en su declaración doctrinal ya no manifiesta que Jesús en el Hijo de Dios? No creas que al entrar a un edificio que tenga la palabra *iglesia* en el anuncio de identificación, eso significa que Dios la considere como tal.

Supongamos que mi preocupación principal fuera la salud de la gente y abriera mi negocio «Jugos saludables de

Chan». Alquilo un edificio y pinto un anuncio muy llamativo con verduras sonrientes. Entonces comienzo a hacer bebidas licuando col rizada, zanahorias, remolachas y espinacas. A mis clientes les encantan mis jugos, así que vienen todos los días. Pero, hay un problema; no hay suficientes personas que sean amantes de las bebidas saludables como para hacer mi negocio rentable. ¿Cuál es la solución a eso? Crema batida. Una vez que la agrego a los jugos, empieza a llegar más gente. Poco tiempo después, les agrego chocolate y las ventas crecen aún más. Cuando les añadí caramelos de diversos sabores, comencé a hacer una fortuna. Aun con esos ajustes en los ingredientes puedo decir que mis bebidas contienen elementos saludables, aunque también veo el resultado en mis clientes que andan letárgicos y han aumentado de peso. Mi deseo de tener un negocio lucrativo, al final, opacó mi meta original, que era ofrecer bebidas saludables. En cualquier momento debo quitar el anuncio que pinté con las verduras.

Este es un panorama muy común en las iglesias. La oración, la cena del Señor, la comunión y la lectura de la Biblia no son cosas que atraigan a multitudes. Por eso, comenzamos a añadir elementos que atraigan a la gente. Alcanzamos una meta, pero es la equivocada, hasta llegar al punto en que, hemos agregado tantas cosas, que ya no podemos llamarla iglesia.

Estoy de acuerdo con las conmovedoras palabras de A. W. Tozer, que escribió: «Nuestra obligación más apremiante en estos tiempos es hacer todo a nuestro alcance para obtener un avivamiento que dé como resultado una iglesia reformada, revitalizada y purificada. Es más importante contar con mejores cristianos, que con más».[2]

UNA SITUACIÓN FORZOSA

¿Te das cuenta lo raro que es llamar a alguien «cristiano», cuando ni siquiera es un servidor? Sé que no podemos forzar a la gente a servir, pero debe haber algo que podamos hacer. Ningún equipo soporta tener entre sus miembros a alguien que se niegue a contribuir. Ningún ejército tolera a un soldado que no quiera estar dispuesto. ¿Por qué, entonces, las iglesias siguen soportando a los cristianos que se niegan a servir? ¿Por qué no tratamos al egoísmo como un pecado que se debe confrontar? Si las Escrituras nos ordenan que nos sirvamos unos a otros, ¿no es un poco raro que eximamos a la gente de esa responsabilidad?

«Cada uno según el don que ha recibido, minístrelo
a los otros, como buenos administradores
de la multiforme gracia de Dios».

1 Pedro 4:10

«Y al que sabe hacer lo bueno, y
no lo hace, le es pecado».

Santiago 4:17

En nuestras iglesias confrontamos la inmoralidad sexual porque se nos ordena que llevemos una vida santa. Una persona adúltera no representa adecuadamente a Cristo. Pero tampoco lo representa el consumidor. Este es un pecado que debemos confrontar si queremos una iglesia que sea la representación genuina del cuerpo de Cristo. Si realmente amamos a nuestros hermanos y hermanas, ¿no deberíamos animarlos a arrepentirse?

Como pastores, comenzamos a hablar con las personas de nuestra congregación que no participaban activamente en servir. No solo era una actitud egoísta que lastimaba a todo el cuerpo e impedía la manifestación del Espíritu, sino que también era claramente un pecado. Debido a que los amamos profundamente, deseábamos verlos obtener la victoria en esa área. A veces es bueno ejercer un poco de presión. Dos de mis amigos más cercanos son Al y Christian. Ambos son hombres que saben cómo perseverar. Por ejemplo, Al puede estar exhausto y —aun así— correr cuatro kilómetros más. Christian puede estar atiborrado y —con todo y eso— comerse tres tacos más. Hace un par de años, cuando decidí ponerme en forma, ¿a quién crees que recurrí? (Sí, Christian me dio permiso para decirlo, incluso me pidió que les dijera a todos que su versículo preferido es Levítico 3:16). Le pedí a Al que me impulsara e hiciera lo necesario para ponerme en forma. En más de una ocasión me sentí fastidiado por Al, que me presionaba constantemente gritándome que corriera más rápido o que levantara más pesas. Mientras tanto, aunque sudaba como un cerdo —y estaba a punto de desmayarme—, alucinaba que estaba sentado con Christian en un bufet de comida china. Por el otro lado, tenía a Al que no se callaba y se negaba a dejarme renunciar. Fue horrible, pero la verdad es que —actualmente— estoy en la mejor condición física de mi vida. La presión puede ser algo muy bueno.

Recuerdo el día que Lisa y yo salimos del hospital y llegamos a casa con nuestra primogénita. Ninguno de nosotros sabíamos qué hacer, pero nos esforzamos por aprender. No teníamos otra opción. Amábamos a nuestra bebé, así que nos negamos a ser malos padres. Siete hijos después, puedo decir que hemos aprendido muy bien a ser padres.

El ministerio, en realidad, no es muy distinto. Nadie está completamente listo para una vida de pastor, sin embargo, cuando se nos coloca en esa posición, asumimos el reto. A veces, lo más amoroso que podemos hacer es desafiar a aquellos a quienes amamos; después de todo, un poco de presión no le hace daño a nadie. Recuerdo mi último año de bachillerato, cuando mi pastor de jóvenes me pidió que fuera líder de una docena de chicos que cursaban el primer año. Nunca en mi vida había discipulado a nadie, pero estaba listo para servir a Dios en lo que él quisiera. Luego de unas semanas, Dios me dio un amor verdadero por esos chicos y también una preocupación genuina por cuidar del caminar de ellos con él. Estaba muy lejos de ser el líder perfecto, pero lo hice lo mejor que pude. No sé dónde estaría hoy si no me hubieran desafiado a servir y a ser líder a tan temprana edad. Me hubiera perdido una vida plena y bendecida.

En la actualidad, tenemos alrededor de cuarenta pastores que dirigen nuestras iglesias en San Francisco. Todos tienen otros empleos. Ninguno recibe sueldo de parte de la iglesia. Nunca recibieron un entrenamiento formal para ser pastores. Todo ha sido un entrenamiento sobre la marcha con los ancianos. Estos líderes crecieron porque sintieron la presión de la responsabilidad pastoral. Ahora son excelentes pastores e incluso están haciendo discípulos que también serán pastores en un futuro. Amo a esos hombres y confío ciegamente en ellos. Les confío hasta a mis hijos. Pudiera contarte historias de personas que han sacrificado sus hogares, sus autos, su dinero, su privacidad, su salud y hasta sus vacaciones por servir a los demás. Podría hablarte de los milagros, sanidades y profecías que han surgido con las personas más inusuales. Esos resultados se han obtenido exhortando a todos los miembros a que sirvan. Sin embargo, para mí, la mayor bendición ha sido ver desarrollar a los líderes.

Se supone que la iglesia debe ser el lugar donde se forman pastores y ancianos. Cada iglesia debería equipar a sus miembros y enviarlos a su comunidad. Por desdicha, se tiende a hacer lo opuesto. Enviamos anuncios solicitando pastores que vengan a servir a nuestras iglesias. Incluso, algunas congregaciones contratan cazatalentos profesionales para que les encuentren un pastor. En vez de enviar, estamos reclutando. Esto se ha vuelto muy normal.

Solamente podremos desarrollar líderes cuando estructuremos todo de tal forma que requiera que otros asuman el liderazgo. He aprendido a limitar el uso de mis dones para dar espacio a que otros ejerzan el liderazgo. Esto ha dado como resultado un ejército de líderes equipados y preparados para ir a cualquier ciudad del mundo, listos y capacitados para sustentarse por su cuenta, a la vez que hacen discípulos. Ellos han mostrado que tienen la capacidad de iniciar iglesias y multiplicarlas. Son líderes siervos que están engendrando a otros líderes listos para ser enviados.

Es tiempo de ejercer presión amorosa sobre nuestra vida y sobre los que nos rodean. Esta es responsabilidad de todos, porque solamente cuando nos convirtamos en servidores, podremos experimentar al Espíritu Santo de la manera que Jesús lo ideó. Solo entonces, la iglesia se parecerá a aquel a quien adora: a Cristo.

6

BUENOS PASTORES

De todos los capítulos de este libro, este —en particular— fue el que escribí con más oración y más amor. Es el capítulo más sentido y el que me hizo llorar. He sido pastor por más de treinta años. Es todo lo que he conocido. Desde niño supe que era mi llamado y, hasta el día de hoy, estoy convencido de que lo es. Aun cuando traté de huir de la responsabilidad, Dios se encargó de que volviera. Me gusta ser pastor y me encanta ayudar a la gente a comprender quién es Dios y a que aprendan a amarlo. A pesar de las traiciones y las desilusiones, no hay otra cosa que prefiera hacer. Si mi vida acabara hoy (lo que puede suceder), no me alcanzarían las palabras para expresar cuán plena ha sido mi existencia. Para mí, es un honor haber sido llamado al ministerio y aún no puedo entender que Dios me haya escogido para hacerlo. Pocas personas trabajan en lo que les encanta.

Escribo este capítulo para los pastores de tiempo completo, los de medio tiempo y muchos de ustedes que están leyendo que, aunque todavía no lo sepan, serán llamados a pastorear. Creo que miles de ustedes son llamados a ser pastores; no de la forma tradicional, sino en un sentido bíblico. Les escribo esto con la esperanza de que aprendan a amar este llamado aun más que yo. También escribo pensando en la eternidad. No todos escucharán «bien hecho» de la boca de Dios, pero quiero que tú lo oigas. El enemigo intenta, constantemente, alejarnos de nuestro primer amor, y que nos dediquemos a complacer a la gente. Casi al final de su vida, Pablo impartió cariñosamente algunas advertencias al joven Timoteo; he tratado de escribir con ese mismo sentir. Conozco muchos de los obstáculos, porque yo mismo me he tropezado con ellos.

Como mencioné al principio de este libro, he tratado de poner mucha atención a las ocasiones en las que Dios usó un lenguaje enérgico en la narrativa bíblica. En mi opinión, Dios les habló de manera más severa a los líderes que a cualquier otro grupo y, por otro lado, el lenguaje más tierno y de mayor honra por parte de Dios, se lo reservó también para los líderes espirituales. Parece que Dios tenía una relación muy singular con los líderes, a tal grado que hasta los defendía. Por ejemplo, azotó a Miriam con lepra por haberse atrevido a hablar contra Moisés (Números 12:1-10) e hizo que salieran dos osos del bosque para despedazar a cuarenta y dos jóvenes que se burlaron de Eliseo (2 Reyes 2:23-24). A Juan se le llamó «amado» (Juan 21:20-24) y Abraham fue llamado «amigo de Dios» (Santiago 2:23).

Por otro lado, las palabras más fuertes de condenación por parte de Dios, fueron dirigidas a los líderes. La búsqueda del liderazgo implica severas advertencias. Santiago dice que los líderes serían juzgados más severamente (3:1), y el autor de Hebreos dice que los líderes darán cuenta por la manera en la que ejercieron el liderazgo pastoral (13:17). Jesús se dirigió a los líderes religiosos de su tiempo llamándolos hijos del infierno (Mateo 23:15). El punto es que, no debemos asumir que todo el que ocupa una posición de autoridad espiritual, merece estar ahí.

Fue muy difícil escribir este capítulo porque quiero ser cuidadoso de no ser irrespetuoso o arrogante, pero algo debo hacer con los ejemplos de Cristo, Pedro y Pablo; que reprendieron fuertemente las falsas enseñanzas. Necesitamos, de alguna manera, seguir el ejemplo de David, en cuanto a ser respetuosos y cuidadosos, aun ante los líderes más malos y también el ejemplo de Pablo al exponer a los falsos maestros.

Al reflexionar en mi vida, creo que —en ocasiones— he sido excesivamente crítico e irrespetuoso, mientras que otras veces he sido cobarde y demasiado político. No tengo todas las respuestas ni creo que he sido ejemplar. Dios ha sido muy paciente al enseñarme cómo hablar sobre temas difíciles y siempre en un espíritu de amor, más que de juicio. Constantemente me recuerda que necesito examinar mi propia vida y es ahí donde creo que todos debemos comenzar.

Para aquellos que están en el liderazgo de la iglesia, no podemos asumir que ese es el lugar al que pertenecemos. Debemos preguntarnos: *¿Estoy seguro de que debería estar* *en esta posición? ¿Estoy en buenas condiciones como para ser líder? ¿Quiero reproducir en otros la relación que tengo con Jesús?*

Para todos aquellos que actualmente no son líderes, no asuman que no lo deberían hacer. Es probable que su temor al fracaso les esté impidiendo hacer lo que Dios los llamó a hacer. Nadie es llamado a sustentarse solamente, sin dirigir ni nutrir a otros. Mira a tu alrededor. Si no hay nadie siguiéndote, algo anda mal con tu vida. Dios te ha llamado a hacer discípulos. Él te ha llamado a dirigir de alguna forma.

Este capítulo no es para que los laicos lo usen para juzgar a sus líderes. El desafío de dirigir a esta generación de individuos obstinados e indiscretos ya es suficientemente abrumador. Así que, definitivamente, no quiero añadir más leña al fuego. Este capítulo fue escrito para todos; para que evaluemos nuestras propias vidas. La iglesia necesita líderes piadosos. Contrario a la creencia popular, todos somos llamados a pastorear (una palabra que simplemente significa «guiar»). Las mujeres mayores deben guiar a las más jóvenes (Tito 2:3-5). Los padres deben guiar a sus hijos (Efesios 6:4). A Timoteo se le dijo que enseñara a otros lo mismo que se le había enseñado a él (2 Timoteo 2:2). Todos fuimos llamados a hacer discípulos (Mateo 28:20). Si no puedes encontrar una sola persona que te considere mentor, algo anda mal contigo. Y las redes sociales no cuentan. Hablo de personas de carne y hueso que imiten tus acciones. Esto requiere vivir una vida digna de ser imitada, lo cual es un poco más difícil que simplemente compartir fotografías y frases en tus perfiles.

LAS TRAMPAS DEL MINISTERIO

Algunas de las expectativas que tenemos con los líderes hacen que sea prácticamente imposible que tengan éxito. Ya no le dan prioridad a las cosas que Dios quiere que sean primero ni a las cosas que esperaban hacer cuando comenzaron a ministrar a otros, lo cual no es del todo culpa suya. Muchos comenzaron en el ministerio porque tenían un amor muy profundo por Dios y por la gente. Tenían una mentalidad radical y valiente, listos para arriesgar lo que fuera por el reino de Dios. Pero actualmente hay tantas trampas tendidas delante de los ministros que, al fin, caen en alguna de ellas, lo cual provoca que se distraigan, vivan engañados o se depriman.

La trampa de evitar las críticas. Las personas no miden sus palabras para hablar de los pastores. No importa lo que se predique, siempre hay personas en ambos lados que están ansiosas por criticar. La hostilidad y la cantidad de sus críticas conducen a una politización del púlpito. Ya no suenan como profetas, sino como candidatos a la presidencia. El líder se vuelve muy sensible en su manera de responder a la gente y comienza a enseñar de tal manera que evita cualquier crítica, en vez de estar predicando la verdad sin temor.

La trampa de la recaudación de fondos. No conozco a ningún pastor que haya decidido iniciarse en el ministerio porque le guste recaudar fondos. Y tampoco conozco muchos pastores que no se preocupen regularmente por el presupuesto de la iglesia o por los proyectos de construcción.

La trampa de la comparación. Los miembros de la iglesia escuchan con regularidad las transmisiones multimedia de pastores muy talentosos, leen artículos escritos por brillantes teólogos y ven vídeos de talentosos líderes eclesiales que mueven a miles de personas. Es muy difícil, tanto para los líderes como para los seguidores, no sentirse desanimados por las comparaciones.

La trampa de cumplir con las expectativas. La gente llega los domingos esperando que haya café, un buen lugar para estacionar, música que disfruten a un volumen ideal, un sermón de treinta minutos, un buen servicio de guardería, un ministerio para niños, actividad para los adolescentes, para jóvenes solteros, jóvenes adultos, etc. Los líderes y los pastores están demasiado ocupados creando todo lo que la gente espera, como para buscar en verdad lo que Dios ordena.

La trampa de la popularidad. Los asientos vacíos son deprimentes, al igual que ver que la gente se amotina en la iglesia de la acera de enfrente. Ahora, prueba ir a un congreso cristiano en el que los pastores que son casi celebridades, son tratados como miembros de la realeza. Es difícil no sentir envidia, como también lo es que aquellos que «están en la cima» no se llenen de orgullo. No hay ganadores en este sistema.

La trampa de la seguridad. Es curioso que coloquemos a los pastores en las oficinas de la iglesia, rodeados de un equipo de cristianos que están a su servicio, trabajando cuarenta horas a la semana, y luego les pidamos que nos prediquen acerca de vivir por fe.

La trampa de la avaricia. Las personas en nuestro país se sienten con más derechos que nunca y los pastores no son la excepción. Cuanto más grande la iglesia, mayor es el sueldo. Cuantas más ventas de libros, más regalías. El crecimiento de la iglesia pudiera tener doble intención, para aquellos que les gusta vivir cómodamente.

La trampa del ataque demoníaco. Encima de todo eso, hay un león rugiente buscando a quien devorar (1 Pedro 5:8), y los pastores son los primeros de su lista. Hay un enemigo que hace todo lo posible para tentarte y hacerte pecar de tal forma que dañe irreparablemente la reputación de la iglesia.

Puedes argumentar que los pastores deberían ser lo suficientemente fuertes como para evitar esas trampas o si la gente debiera dejar de crearlas. Realmente no importa de quién sea la culpa, es claro que los líderes se distraen y se desaniman. ¿Podemos pretender que se produzcan discípulos llenos del Espíritu a partir de ese liderazgo? ¿Acaso estamos, inconscientemente, disponiendo todo para que fallen estos hombres y mujeres de Dios?

LOS TIEMPOS HAN CAMBIADO

En 1994, cuando comencé la iglesia Cornerstone, todo era muy diferente. La gente era más respetuosa con sus pastores y con la autoridad en general. No existía eso de las redes sociales. De hecho, muy pocas personas tenían teléfonos celulares (sí, soy viejo). Si alguien, en ese entonces, me quería elogiar o criticar, tenía que ir a buscarme en persona. Sin duda, los tiempos han cambiado.

Recuerdo cuando las redes sociales empezaron a inundar al mundo. De repente, se volvió mucho más fácil y rápido el que alguien me halagara o criticara públicamente. En ocasiones, la cabeza apenas me cabía por la puerta por tantos elogios que recibía. Otras veces, luchaba para no sentirme herido o enojado con tantas declaraciones crueles que hacían de mí. Con el tiempo, aprendí a poner menos atención a esas cosas, pero al principio fue agobiante.

Para quienes nunca han tenido que enfrentarse a un mar de gente manifestando fuertemente sus opiniones, sean agradecidos. He conocido muy pocas personas que han sabido navegar ese mundo manteniendo la humildad y el amor, sin perder la valentía. Y es que, las grandes multitudes tienen un efecto extraño en nosotros; hacen que, inconscientemente, comencemos a predicar de una manera en particular, como para evitar las críticas, en vez de enseñar la verdad sin importar la respuesta que ello genere. Vivimos en un tiempo en el que las personas son muy sensibles. Si decimos mal una sola palabra en público, eso puede causar catástrofes.

Va a ser más y más difícil que los pastores puedan hablar con audacia y humildad ante las multitudes. Tal vez sea por eso que ahora hay menos pastores que son conocidos por ser humildes y valientes. Quedé muy impresionado por un pastor en China que me dijo: «En Estados Unidos, los pastores piensan que deben hacerse famosos para tener una gran influencia. En China, los líderes cristianos con más influencia son los que permanecen más en el anonimato». Mi corazón saltó al oír eso, imaginando tener una oportunidad de luchar por ser de mayor influencia, pero a la vez, con menos reflectores. Parece que, nuestra manera actual de hacer las cosas nos conduce al fracaso. Aquellos que buscan tener una influencia masiva en el reino de Dios son quienes, al parecer, siempre pierden la batalla contra el orgullo. Así es como el enemigo nos impide desarrollar el carácter que nos hace eficientes.

> *«Acuérdense de sus dirigentes, que les comunicaron*
> *la palabra de Dios. Consideren cuál fue el*
> *resultado de su estilo de vida, e imiten su fe».*
>
> Hebreos 13:7

Líderes, quiero desafiarles a que examinen sus vidas y consideren si pueden decirle a la gente, de todo corazón y con una consciencia limpia, que los sigan; así como ustedes siguen a Cristo. Para aquellos que aún no están en posiciones de liderazgo, al repasar a continuación las cualidades esenciales de un buen líder según la Biblia, los exhorto a examinar a sus líderes con un espíritu de gracia y humildad, para que disciernan si su fe y su modo de vivir son dignos de imitar. A algunos de ustedes, es posible que Dios los esté llamando a asumir el liderazgo, por lo que les imploro que se consagren al crecimiento en las siguientes áreas.

EL PASTOR CRISTIANO

Puede que el título suene ridículo, pero, ¿deberíamos asumir que todos los pastores son cristianos? Solo porque decimos que creemos en Dios o porque fuimos a un instituto bíblico a prepararnos para el ministerio, esto no nos asegura que nuestros corazones le pertenecen a Dios. Habiendo estudiado por dos años en un instituto bíblico, y tres años en el seminario, puedo decirles que el diploma puede ser prueba de nuestra inteligencia y disciplina, pero no de nuestra espiritualidad. Esos años fueron, sin lugar a dudas, los más difíciles de mi vida. Recordemos que en los días de Jesús, muchos de los líderes religiosos eran los más malvados. La Biblia nos advierte constantemente de guardarnos de los falsos maestros.

«En el pueblo judío hubo falsos profetas, y también entre ustedes habrá falsos maestros que encubiertamente introducirán herejías destructivas, al extremo de negar al mismo Señor que los rescató. Esto les traerá una pronta destrucción. Muchos los seguirán en sus prácticas vergonzosas, y por causa de ellos se difamará el camino de la verdad. Llevados por la avaricia, estos maestros los explotarán a ustedes con palabras engañosas. Desde hace mucho tiempo su condenación está preparada y su destrucción los acecha».

2 Pedro 2:1-3

En este mundo, siempre habrá falsos maestros. Jesús enseñó que vendrán lobos vestidos de ovejas (Mateo 7:15). ¿Qué mejor manera de camuflarse que el de un ministerio? Muchos enseñarán falsa doctrina por su deseo de ser aceptados; otros predicarán la verdad aunque sus vidas son una mentira. Ya sea que tu mensaje, o tu estilo de vida sea falso, ambas cosas son reprobables. Si lees el resto del segundo capítulo de 2 Pedro, verás que está reservado para ellos un juicio terrible. Si estás leyendo esto, y te encuentras viviendo una vida de inmoralidad, es hora de que te retires del liderazgo. No hay nada peor que ser un falso maestro. No hay nada más malvado que puedas hacer durante tus pocos años en la tierra que alejar a la gente de su Creador.

Es mi oración que, todos los que lean esta sección, dediquen un tiempo a evaluar sus propias vidas. Como dijo Pablo: «Examínense para ver si están en la fe» (2 Corintios 13:5). ¿Tienes claro que consideraste el precio y decidiste seguir a Jesús? ¿Ves en tus pastores una clara evidencia de que han dejado todo para seguir a Cristo?

EL PASTOR QUE ORA

En una ocasión, les pedí a los miembros de mi equipo que me dijeran si no oraban como mínimo una hora por día; de esa forma, los podría reemplazar por alguien que sí lo estuviera haciendo. Prefiero contratar a alguien que ora, aunque no haga nada más; que tener a alguien que trabaja incansablemente pero que no ora. Esto puede parecer severo, pero la oración es crucial. La oración no es solamente tarea de un ministerio, es el indicador que deja expuesta la condición del corazón; revelando nuestro orgullo, nos muestra si es que creemos o no, que alejados de Dios carecemos de poder. Cuando oramos, estamos expresando nuestro sometimiento a Dios y nuestra dependencia en su infinita sabiduría y soberanía. Ni siquiera Jesús mismo resolvía los asuntos por sí mismo; lo vemos cuando su discípulo, Pedro, fue atacado por Satanás.

«Simón, Simón, mira que Satanás ha pedido
zarandearlos a ustedes como si fueran trigo.
Pero yo he orado por ti, para que no falle tu fe.
Y tú, cuando te hayas vuelto a mí,
fortalece a tus hermanos».

Lucas 22:31-32

Si alguien era capaz de ayudar a Pedro, dándole consuelo y una buena enseñanza, ese era el todopoderoso Jesús. Aun así, la solución del Maestro fue orar. Meditemos en esto por un momento.

La oración es la señal de alguien que ama. Aquellos que aman profundamente a Jesús no pueden evitar orar de manera constante. El mandamiento más grande es amar a Dios con todo nuestro ser. Los pastores que no disfrutan la oración, deberían dejar de ser pastores; pues es en oración que buscamos al Señor y el bienestar de nuestra gente.

Me uní con mis ancianos para orar los versículos de Efesios 3:14-19 sobre nuestra congregación, rogando a Dios que anhelaran a Cristo así como nosotros lo hacemos.

En una ocasión, un pastor de India me dijo que estuvo investigando los diversos movimientos que se han dado y notó un común denominador: los movimientos de Dios siempre han comenzado con un líder que conoce íntimamente a Dios e, invariablemente, terminan cuando los seguidores de dicho movimiento solo conocen íntimamente al líder. Pastores, debemos conocerlo a él profundamente y hacer discípulos cuyo apego principal sea al propio Cristo.

EL PASTOR HUMILDE

Otro pastor de India me dio un consejo simple, pero poderoso, que siempre recuerdo. Su ministerio ha llevado a más de tres millones de personas a los pies de Jesús y todos están siendo discipulados. Cuando le pregunté cómo hizo para organizar a ese ejército masivo me contestó: «Los estadounidenses siempre quieren conocer la estrategia, pero te diré esto: mis líderes son los hombres con el corazón más humilde que he visto y conocen entrañablemente a Jesús». Luego procedió a contarme que los peores errores ocurrieron en los tiempos en los que permitió que personas arrogantes, que no eran humildes, ocuparan posiciones de liderazgo. A él le emocionaba el hecho de que sus líderes desarrollaran sus talentos, pero eso siempre los llevaba a su destrucción. A la fecha, me dice mi amigo, es lo que más ha lamentado. Ahora su principal criterio para identificar líderes es la humildad. Con esta norma en práctica, los problemas han disminuido de manera reveladora.

No nos atrevemos a admitirlo pero, a menudo, buscamos líderes de la misma forma que lo hace el mundo. Nos fijamos en la apariencia. Queremos un gran orador y un líder talentoso, pero Dios siempre ha respaldado al humilde que lo busca apasionadamente. Al parecer, muchos pastores comenzaron siendo humildes guerreros de oración, pero permitieron que las expectativas de la gente influyeran en sus prioridades. Sin embargo, otros han pretendido ser humildes, pero la razón principal por la que han avanzado en el ministerio ha sido su carisma.

«¿O creen que la Escritura dice en vano que Dios
ama celosamente al espíritu que hizo morar en
nosotros? Pero él nos da mayor ayuda con su
gracia. Por eso dice la Escritura: "Dios se opone
a los orgullosos, pero da gracia a los humildes".
Así que sométanse a Dios. Resistan al diablo, y
él huirá de ustedes. Acérquense a Dios, y él se
acercará a ustedes. ¡Pecadores, límpiense las manos!
¡Ustedes los inconstantes, purifiquen su corazón!
Reconozcan sus miserias, lloren y laméntense. Que
su risa se convierta en llanto, y su alegría en tristeza.
Humíllense delante del Señor, y él los exaltará».

Santiago 4:5-10

No hay nada peor que la oposición de Dios. Santiago
lo dejó muy claro: «Dios se opone a los orgullosos» (4:6).
¿Qué tan efectiva puede ser una iglesia si Dios se opone a
su líder? Por el contrario, Dios promete acercarse y mostrar
gracia a los humildes que se acercan a él.

Con frecuencia, antes de predicar, me hago la siguiente pregunta: ¿Atraerá este sermón la atención hacia Dios
o hacia mí? Para muchos de nosotros nuestro defecto es
la autoconservación y la autoexaltación. Debido a nuestra
inseguridad, nos preocupa lo que la gente piensa de nosotros, en lugar de desear que ni siquiera piensen en eso. Toda
mi vida he luchado con esto. Es algo muy desagradable.

Al hablar de la humanidad, Jesús dijo que «no se ha
levantado nadie más grande que Juan el Bautista» (Mateo
11:11). Era grande a los ojos de Dios porque no buscaba
ser grande a los ojos de los hombres. Juan dijo de Jesús: «Es

necesario que él crezca, pero que yo mengüe» (Juan 3:30 RVR1960).

EL PASTOR AMOROSO

Insisto, pareciera que no vale la pena mencionar esto. ¿Por qué otra razón, alguien se convertiría en pastor? ¿Habrá un pastor que no ame genuinamente a la gente?

En mi experiencia, es muy fácil «llevar a cabo el ministerio» sin amar a la gente. El amor no es un requerimiento para ser un pastor «exitoso» en nuestro país. Puedo recordar ocasiones en las que me ocupé de ministrar a las personas sin sentir amor verdadero por ellas. Resulta muy fácil ver a las personas como proyectos que quieres reparar que como hijos a quienes amas.

¡Me encanta el ejemplo de Pablo! Lee lo siguiente detenidamente:

«Porque como sabéis, nunca fuimos a vosotros con palabras lisonjeras, ni con pretexto para lucrar, Dios es testigo, ni buscando gloria de los hombres, ni de vosotros ni de otros, aunque como apóstoles de Cristo hubiéramos podido imponer nuestra autoridad. Más bien demostramos ser benignos entre vosotros, como una madre que cría con ternura a sus propios hijos. Teniendo así un gran afecto por vosotros, nos hemos complacido en impartiros no solo el evangelio de Dios, sino también nuestras propias vidas, pues llegasteis a sernos muy amados. Porque recordáis, hermanos, nuestros trabajos y fatigas, cómo, trabajando de día

*y de noche para no ser carga a ninguno de vosotros,
os proclamamos el evangelio de Dios. Vosotros
sois testigos, y también Dios, de cuán santa, justa e
irreprensiblemente nos comportamos con vosotros
los creyentes; así como sabéis de qué manera os
exhortábamos, alentábamos e implorábamos a cada
uno de vosotros, como un padre lo haría con sus
propios hijos, para que anduvierais como es digno del
Dios que os ha llamado a su reino y a su gloria».*

1 Tesalonicenses 2:5-12 LBLA

Cuando Pablo habla de su tiempo con esta iglesia, dice que fue «como una madre que cría con ternura a sus propios hijos» (2:7). ¡Imagina qué impresionante sería tener un pastor que cuide de ti de esa manera! Pablo prosiguió diciendo que los exhortó «como un padre lo haría con sus propios hijos» (2:11). No solamente mostró la ternura de una madre, sino también la exhortación de un padre fuerte. Demasiados pastores aspiran convertirse en grandes escritores, oradores y líderes, pero no hay muchos que sean conocidos como buenos padres y madres. Y los que sirven de manera excelente como si fueran madres y padres, nunca llegan a ser conocidos porque no es algo que se valore mucho. La gente no te celebrará grandemente por cuidar con humildad a un grupo de personas.

Si la meta principal en la iglesia es la unidad perfecta por la que oró Jesús en Juan 17, entonces esta debe comenzar con líderes que aman a su gente. Somos llamados a ser padres, no niñeras. Hay una diferencia abismal. Debemos saber que tener hijos es un compromiso enorme.

Eso te quita tu privacidad, tu libertad y tu tiempo, pero vale la pena.

EL PASTOR QUE CAPACITA

Parte de mi responsabilidad como buen padre es asegurarme de criar a mis hijos tan bien que, en su momento, ellos tengan la capacidad de tener su propia familia. Tengo pocos años para capacitarlos y que enfrenten al mundo. Mi trabajo es entrenarlos para que se valgan por sí mismos, en vez de depender de mí. Esta misma meta debería ser la de cada pastor. Si no somos cuidadosos, terminaremos con personas apáticas y quejumbrosas en las iglesias —por largo tiempo—, inconformes porque no las han alimentado como ellas quieren. Es la misma situación disfuncional del hijo de treinta años que vive en casa y se queja de lo que cocina mamá. La meta de un buen pastor es criar buenos pastores.

«Y Él dio a algunos el ser apóstoles, a otros profetas, a otros evangelistas, a otros pastores y maestros, a fin de capacitar a los santos para la obra del ministerio, para la edificación del cuerpo de Cristo; hasta que todos lleguemos a la unidad de la fe y del conocimiento pleno del Hijo de Dios, a la condición de un hombre maduro, a la medida de la estatura de la plenitud de Cristo; para que ya no seamos niños, sacudidos por las olas y llevados de aquí para allá por todo viento de doctrina, por la astucia de los hombres, por las artimañas engañosas del error».

Efesios 4:11-14

Uno de los problemas más debilitantes con los que se enfrenta la iglesia es la falta de madurez de sus miembros. Las iglesias están llenas de niños que nunca crecen para convertirse en padres. Cosa que no se espera que hagan. Muchos pastores esperan que sus miembros habiten bajo la sombra de sus enseñanzas hasta el final de sus vidas, en vez de prepararlos para que vayan y lideren a otros. Pablo tenía claro que los líderes de la iglesia son para equipar a los santos con el fin de que trabajen. Hugh Halter considera que este problema es una trampa que nosotros mismos construimos: «Muchos ministros quedan atrapados haciendo todo el trabajo del ministerio porque reciben su sueldo de los cristianos consumistas, los que no logran percibir la trascendencia de su propio llamado».[1]

¿Qué sucedería en nuestra sociedad, si los padres no esperaran que sus hijos inicien sus propias familias? Esto es exactamente lo que le ha pasado a la iglesia. Tenemos muy pocas expectativas con la gente que, supuestamente, debería estar llena del Espíritu Santo. Ya es hora de que los padres espirituales (por ejemplo, los pastores), vuelvan a creer en sus hijos. Es hora de que dejen de hacer el trabajo por ellos; y que, en vez de hacerlo, los preparen para una vida en la cual deberán trabajar. Siempre habrá quienes se rebelen contra esto, y por eso Pablo le dijo a Timoteo que se enfocara en los que son «dignos de confianza», los que irán a enseñar a otros (2 Timoteo 2:2).

La meta de mi pastorado ha cambiado mucho. Ya pasaron los días en los que me conformaba con un grupo de personas cantando animadamente, que no se divorciaran y que dieran dinero para las misiones. Ahora, quiero estar seguro de que, si envío a cualquier miembro de mi iglesia a una ciudad, crecerá de la mano de Jesús, hará discípulos e iniciará una iglesia. Por la fe que tengo en el Espíritu Santo, estoy convencido de que es posible, porque está en nuestro ADN. A todos se nos dio un espíritu de valentía y poder para lograr mucho más de lo que imaginamos. Debemos preparar a nuestra gente para ser independientemente dependientes del Espíritu Santo.

Aunque hay muchos pastores que se jactan de cuántos hijos habitan bajo su cuidado, ¿no tendría más sentido jactarse de cuántos se han graduado bajo su cuidado? ¿No es una señal de fracaso el que sus hijos no puedan irse de casa? Criar miles de consumistas no es señal de éxito.

EL PASTOR LLENO DEL ESPÍRITU

¿Qué es lo que te imaginas cuando escuchas la frase *lleno del Espíritu*? ¿En quién piensas?

Como dije anteriormente, todos tenemos en la mente la imagen de una persona poseída por un demonio, pero no la de una persona llena del Espíritu Santo. Te lo explico de otra forma: Todos sabemos que hay una enorme diferencia entre una persona poseída por un demonio y una que no lo está. ¿No debería también haber una diferencia descomunal entre una persona que está llena del Espíritu y una persona buena, pero que no conoce a Jesucristo? No confundamos el conocimiento teológico, ni la bondad en general, con la llenura del Espíritu. ¿Está tu pastor lleno del Espíritu? ¿Y tú?

Cualquiera sea la manera en que te imagines que actúa una persona llena del Espíritu, en Efesios 5 encontramos la siguiente descripción:

> «No os embriaguéis con vino, en lo cual hay disolución; antes bien sed llenos del Espíritu, hablando entre vosotros con salmos, con himnos y cánticos espirituales, cantando y alabando al Señor en vuestros corazones; dando siempre gracias por todo al Dios y Padre, en el nombre de nuestro Señor Jesucristo. Someteos unos a otros en el temor de Dios».
>
> Efesios 5:18-21 RVR1960

Pablo comparaba eso con estar ebrio. Todos podemos imaginarnos a una persona ebria; cómo se ven afectados su forma de hablar y sus movimientos. Cuando tu cuerpo está lleno de alcohol, todo en ti es afectado. De la misma manera, cuando estás lleno del Espíritu no puedes hacer nada sin su influencia. En cuanto abrimos nuestra boca, Dios es quien sale por ella porque estamos llenos de él. Es por eso que, las personas llenas del Espíritu se hablan entre sí «con salmos, con himnos y cánticos espirituales» (5:19). Están llenos de alabanzas a Dios, de tal manera que —cuando te hablan— lo que sale de sus bocas son esas alabanzas. Las personas llenas del Espíritu siempre están cantando y componiendo melodías en sus corazones, porque eso es lo que el Espíritu siempre quiere hacer. Están «dando siempre gracias» (5:20), porque la bendición de la presencia del Espíritu los hace vivir agradecidos. Se someten «unos a otros en el temor de Dios» (5:21), porque son humildes y respetan a los líderes que Dios les ha puesto. El Espíritu de Dios afecta todas sus relaciones.

En Gálatas 5:22-23 vemos la lista de los frutos del Espíritu Santo; muchos estamos familiarizados con ellos. Es fácil ver la lista y pensar: *Sí, yo soy muy amoroso, paciente, amable, etc. Creo que muestro el fruto del Espíritu.* Pero si nuestro amor es resultado de la obra del Espíritu Santo, ¿no debería ser fuera de serie, sobresaliente y diferente? No nos apresuremos a atribuirle al Espíritu algo que otros pueden producir en su propia carne.

¿Acaso no deseamos todos ser guiados por un pastor que esté, genuinamente, lleno del Espíritu? ¿Que sea una persona con un poder, una valentía y un carácter sobrenaturales? He estado orando por milagros. Le he estado diciendo al Señor que no quiero ser solamente bueno; quiero la bondad que el Espíritu Santo puede producir. ¿De qué otra manera podremos atraer al mundo? Yo quiero la paz que sobrepasa todo entendimiento. Esa paz que deja confundidos a todos. Si los pastores no tenemos estas cualidades en proporciones sobrenaturales, ¿qué esperanza tienen nuestras iglesias?

EL PASTOR MISIONERO

Jesús nos ordenó que fuéramos hasta los confines de la tierra. Eso es para su gloria, por la salvación de las personas y por nuestro bienestar. Fuimos creados con un propósito. Y encontramos satisfacción cuando permanecemos enfocados en la misión. Los pastores deben enfatizar el sentido de urgencia para ir y ayudar a los que están sufriendo.

Tenemos que ser conscientes de los billones de personas que nunca han escuchado el evangelio. No debemos enfocarnos solamente en idear maneras creativas para presentarles el evangelio a aquellos que ya lo han rechazado una docena de veces.

> *«La religión pura y sin mancha delante de Dios*
> *nuestro Padre es esta: atender a los huérfanos*
> *y a las viudas en sus aflicciones, y conservarse*
> *limpio de la corrupción del mundo».*
>
> Santiago 1:27

En el corazón de Dios está el deseo de ser padre de los huérfanos (Salmos 68:5). Todos los que tienen el Espíritu de Dios viviendo en ellos deberían tener compasión por los que sufren. Los pastores pueden obsesionarse con cosas irrelevantes, realmente extrañas, cuando pierden de vista a las madres que ven morir de hambre a sus hijos. Nosotros nos quejamos, olvidando que tenemos hermanos y hermanas que están siendo torturados cruelmente en prisión. Cuando se nos olvida que hay un infierno, tendemos a debatir y dividirnos por temas insignificantes.

Todos los pastores han predicado acerca de la Gran Comisión (Mateo 28:16-20). Pero, ¿cuántos están llevando vidas ejemplares, mostrando que toman en serio su gran comisión? Oremos y seamos una generación de líderes cuyos corazones agonicen por los perdidos y por los que sufren. No es ningún secreto que nuestros edificios están llenos de personas egocéntricas que solo van a consumir. La solución no es decirle a la gente que deje de ser egoísta.

Los pastores tienen que involucrar a la congregación en el cuidado de los perdidos y los necesitados del mundo.

EL PASTOR SUFRIENTE

Dedicaremos un capítulo entero a profundizar sobre nuestra necesidad de ser siervos sufrientes; así que, permítanme dirigirme a los líderes en específico para decirles que, nuestra congregación necesita más que palabras. Necesita ver el ejemplo de un líder que vive alegre a pesar del sufrimiento. Dedica un tiempo para que consideres tus palabras y tus acciones en medio de situaciones difíciles. En esos momentos, tus discípulos al verte y escucharte, ¿fueron testigos de la perseverancia y mansedumbre que solo Cristo puede dar?

Nos desanimamos y renunciamos muy fácilmente, porque no hemos aprendido a regocijarnos a pesar del sufrimiento. Muéstrame a un pastor que se regocije en medio del sufrimiento y te mostraré a uno que permanecerá en el ministerio por mucho tiempo. Cuando los pastores que se regocijan en el sufrimiento hacen discípulos, el resultado es una iglesia indetenible.

LÍDERES IMPROBABLES

Es probable que algunos de ustedes hayan leído este capítulo y hayan pensado: *Mi pastor no coincide con todo esto.* Tal vez sea verdad y, en algunos casos, quizás sea mejor que te alejes de tu líder actual. Esa es una decisión muy seria que solamente se debe tomar mediante mucha oración, humildad y razonamiento bíblico.

Sin embargo, ese no fue el objetivo de este capítulo. Espero que cada persona que lea esto se levante para convertirse en ese líder lleno del poder de Dios que tanto hablamos. Puede que te parezca difícil imaginarte convirtiéndote en un pastor cristiano sufriente, misionero, lleno del Espíritu, capacitador, amoroso, humilde y de mucha oración. Pero recordemos que esto es lo que el Espíritu Santo de Dios desea hacer en ti. No leas esta desalentadora lista en la carne porque, apartados del Espíritu Santo, esto —claramente— es imposible. Para quienes estamos llenos del Espíritu de Dios, eso es lo que anhelamos llegar a ser. No vayas en contra de lo que el Espíritu Santo está tratando de hacer en tu vida.

Ha habido momentos a través de la historia, en los que los pastores se corrompieron. En el Antiguo Testamento, Dios confrontó a esos pastores severamente (Ezequiel 34) y Jesús hizo lo mismo con los líderes religiosos de su tiempo. Su solución, para cambiar al mundo, fue reemplazar a los profesionales por personas ordinarias y sin educación. ¡Gente como tú!

Dios aborrece cuando subestimamos el potencial con el que nos creó. Él siempre ha valorado la fe y las personas que toman sus palabras al pie de la letra. Efesios 3:20 debería ser un versículo que se haga carne en nuestra vida, no una frase bonita que pintamos en nuestras paredes. La iglesia necesita urgentemente una oleada fresca de líderes dirigidos por Dios. Oro por todos los líderes, para que sean renovados o reemplazados. Que Dios continúe levantando un ejército de buenos pastores que lo amen por sobre todas las cosas y que vivan para hacer que la iglesia cumpla el propósito para el cual Dios la diseñó.

7

CRUCIFICADOS

*«He sido crucificado con Cristo, y ya no vivo
yo, sino que Cristo vive en mí. Lo que ahora
vivo en el cuerpo, lo vivo por la fe en el Hijo de
Dios, quien me amó y dio su vida por mí».*

Gálatas 2:20

En el triatlón conocido como *Ironman*, los participantes nadan 3.84 kilómetros, andan en bicicleta 180 kilómetros y corren 42 kilómetros.[1] Si les pido que lo vean conmigo, muchos de ustedes lo considerarían. Pero si les pido que compitamos, el número disminuirá en una manera considerable. En la actualidad, hay millones de personas que se consideran cristianos, porque creen que la vida cristiana se trata simplemente de admirar el ejemplo de Cristo, pero no saben que —en efecto— es un llamado a seguir su ejemplo. Si en realidad lo comprendieran, el número disminuiría drásticamente. El Nuevo Testamento es muy claro; no solamente hay que creer en su crucifixión; debemos estar crucificados con Cristo.

Si únicamente escucharas la voz de Jesús y leyeras solo las palabras que salieron de su boca, tendrías un claro entendimiento de lo que él requiere de sus seguidores. Pero si escucharas exclusivamente a los predicadores y escritores modernos, tendrías un entendimiento muy diferente de lo que significa seguir a Jesús. ¿Podría existir un problema más catastrófico que este?

Hay millones de hombres y mujeres a quienes se les ha enseñado que pueden ser cristianos y que eso no les costará absolutamente nada. ¡Y lo creen! Incluso, hay quienes tienen la osadía de enseñar que la vida se pondrá mejor, una vez que la persona haga la oración de confesión e invite a Jesús a su corazón. ¡Pero Jesús enseñó totalmente lo opuesto!

Por favor, lee lenta y cuidadosamente estas palabras de Jesús, porque esto es *mucho* más importante que cualquier párrafo que yo haya escrito. Interpreta tú mismo sus palabras:

> «*Grandes multitudes seguían a Jesús, y él se volvió y les dijo: "Si alguno viene a mí y no sacrifica el amor a su padre y a su madre, a su esposa y a sus hijos, a sus hermanos y a sus hermanas, y aun a su propia vida, no puede ser mi discípulo. Y el que no carga su cruz y me sigue, no puede ser mi discípulo. Supongamos que alguno de ustedes quiere construir una torre. ¿Acaso no se sienta primero a calcular el costo, para ver si tiene suficiente dinero para terminarla?*

Si echa los cimientos y no puede terminarla, todos los que la vean comenzarán a burlarse de él, y dirán: 'Este hombre ya no pudo terminar lo que comenzó a construir'. O supongamos que un rey está a punto de ir a la guerra contra otro rey. ¿Acaso no se sienta primero a calcular si con diez mil hombres puede enfrentarse al que viene contra él con veinte mil? Si no puede, enviará una delegación mientras el otro está todavía lejos, para pedir condiciones de paz. De la misma manera, cualquiera de ustedes que no renuncie a todos sus bienes, no puede ser mi discípulo"».

Lucas 14:25-33

Olvida lo que te dijeron cuando oraste para invitar a Jesús a ser tu Salvador. Mejor lee lo que Jesús demandó y pregúntate si aun así quieres seguirlo.

No hay malinterpretación alguna en cuanto a lo que Cristo estaba exigiendo. Por esa razón es que tuvo tan pocos discípulos. El llamado a seguirlo era una invitación a morir. El precio estaba puesto ante todos y con números grandes. Jesús lo expuso desde el principio y les pidió a todos que consideraran el costo antes de involucrarse en algo con lo cual no estaban listos para comprometerse. En la actualidad solo queremos hablar de la parte buena: la gracia y las bendiciones. Por supuesto que la gracia, el perdón y la misericordia son la esencia del evangelio pero, a su vez, Jesús fue muy claro acerca del alto precio del mismo; un concepto que decidimos ignorar completamente.

Al hacerlo, hemos perdido la esencia de lo que significa ser cristiano. Ser cristiano significa sumisión total de tus deseos a cambio del objetivo de servir para la gloria de Dios. Significa morir a ti mismo para que viva Cristo en ti. A esto es a lo que te comprometes.

> *«Entonces llamó a la multitud y a sus discípulos. Si alguien quiere ser mi discípulo —les dijo—, que se niegue a sí mismo, lleve su cruz y me siga. Porque el que quiera salvar su vida la perderá; pero el que pierda su vida por mi causa y por el evangelio la salvará. ¿De qué sirve ganar el mundo entero si se pierde la vida? ¿O qué se puede dar a cambio de la vida».*
>
> Marcos 8:34-37

De acuerdo a lo que dijo Jesús, lejos de ser gratuito, seguirlo te costará todo. Lejos de prometer una vida mejor, en realidad, nos advirtió acerca del sufrimiento intenso.

> *«Entonces los entregarán a ustedes para que los persigan y los maten, y los odiarán todas las naciones por causa de mi nombre. En aquel tiempo muchos se apartarán de la fe; unos a otros se traicionarán y se odiarán; y surgirá un gran número de falsos profetas que engañarán a muchos. Habrá tanta maldad que el amor de muchos se enfriará, pero el que se mantenga firme hasta el fin será salvo».*
>
> Mateo 24:9-13

Jesús advirtió que se levantarán falsos maestros «que engañarán a muchos» (v. 11). Es por eso que es imperativo que todos estudiemos con diligencia las palabras de Cristo.

Si los versículos anteriormente mencionados te parecen extraños, o contrarios a lo que te han enseñado, ¡encuentra nuevos maestros! Huye de cualquier maestro que te prometa riqueza y prosperidad en esta vida. El llamado a seguir a Cristo es una invitación a resistir, siempre gozosos, el sufrimiento en esta vida, con la promesa de la bendición eterna en la venidera.

«Dichosos ustedes cuando los odien, cuando los discriminen, los insulten y los desprestigien por causa del Hijo del hombre. Alégrense en aquel día y salten de gozo, pues miren que les espera una gran recompensa en el cielo. Dense cuenta de que los antepasados de esta gente trataron así a los profetas».

Lucas 6:22-23

«¡Ay de ustedes cuando todos los elogien! Dense cuenta de que los antepasados de esta gente trataron así a los falsos profetas».

Lucas 6:26

CUANDO EL SUFRIMIENTO ES ANORMAL

Rara vez se habla del sufrimiento en la iglesia en Estados Unidos. Eso me parece irónico, pues lo que vemos *a través de todo* el Nuevo Testamento es sufrimiento. Una vez preparé un sermón, para el cual tomé libro por libro del Nuevo Testamento, y leí todos los versículos que hablan del sufrimiento para —de esa manera— demostrar que no aparece solo en un libro. No es solo un versículo. Está por todas partes. Es una de las doctrinas más claras del Nuevo Testamento. Repetidas veces expresa que como seguidores de Cristo, sufriremos por él; vamos a ser odiados y rechazados por su causa. Cuando predico acerca del sufrimiento, la gente piensa que es algo anormal o que es una nueva enseñanza; lo cual es una locura, ya que es muy evidente en la Biblia. Pero optamos por no hablar del asunto.

El hecho de que este sea un tema tan importante en el Nuevo Testamento, y a la vez, un concepto que se ha perdido en nuestras iglesias, es un grave problema. Cuanto más estudio los evangelios, más me convenzo de que —los que vivimos en Estados Unidos— tenemos una visión distorsionada de lo que significa ser «cristiano». Y es por esa razón, que nuestras iglesias se encuentran en la condición en la que están. Una visión distorsionada del cristianismo solamente puede dar como resultado una iglesia distorsionada. Pero ¿y si comenzamos de nuevo? ¿Qué pasaría si demolemos lo que actualmente llamamos «iglesia» y comenzamos de la nada, con cristianos verdaderos?

Un creyente que se congrega en una iglesia hogareña, en Irán (cuyo nombre no diré, por obvias razones), me explicó que las personas que quieren unirse a la iglesia en ese país, tienen que firmar un acuerdo por escrito que estipula que perderán sus propiedades, los enviarán a las cárceles y serán mártires por causa de su fe. Muchos cristianos en Irán son arrestados y encarcelados de por vida o ejecutados. La comunión es muy diferente cuando la iglesia está compuesta de personas que poseen un entendimiento bíblico del cristianismo. De manera interesante, algunas investigaciones han demostrado que la población evangélica ¡está creciendo más rápido en Irán, que en cualquier otra parte del mundo!²

Cuando un amigo mío regresó de haber visitado una iglesia en Irak, le pregunté cuál fue la diferencia más notable entre nuestra iglesia y la de ese país. Él me contestó: «A lo que nosotros le llamamos consagración, allá lo llaman prerrequisito». En otras palabras, actuamos como si la entrega total fuera un proceso de toda la vida, en el que decidimos —lentamente— si vamos o no a rendirle ciertas cosas a Dios. Mientras tanto, los creyentes en Irak, enseñan de la misma forma que enseñó Jesús. Allá se requiere que las personas consideren el precio y rindan todo desde el principio; de otra manera, no pueden formar parte de la iglesia.

Hace años estuve en China y fui a una reunión de una iglesia clandestina, les pregunté acerca de la persecución. Cada persona que se puso de pie comenzó a contar historias sobre la persecución que había soportado. Unas veces tenían que esconderse entre las paredes porque venían los oficiales del gobierno. Algunos de ellos habían huido en medio de los disparos. Me hubiera gustado que los escucharas, en medio de risas y carcajadas, contando sus historias. Situaciones que, para ellos, forman parte de la vida del cristiano.

En sus oraciones, ellos le pedían a Dios —a gritos— que los llevara a los lugares más peligrosos. «Quiero sufrir por causa de ti, por favor, no quiero ir a un lugar seguro, ¡no! Quiero ser hallado *digno* de morir por causa de tu nombre». ¡Esa era su oración! Si tienes un grupo así, ¿quién podrá detenerlos? Así es como debería ser la iglesia; una fuerza imparable, lista para la batalla.

Recuerdo que después hablé con un hombre que dirige toda una red de iglesias en China. Me dijo que hubo un tiempo en el cual disfrutaron cierta libertad religiosa. Así que decidió probar y fundar una iglesia «visible». Su iglesia alcanzó a unas dos mil personas, pero un tiempo después llegó el gobierno, la cerró y se llevó a rastras a él y a los otros pastores. En retrospectiva, me dijo que estaba muy agradecido de que le haya sucedido eso, porque la situación reactivó el ADN de la iglesia. Me dijo que, con el cambio de estructura, habían comenzado a perder de vista el propósito; ya que al tener un servicio concurrido, las personas llegaban solamente para escuchar un sermón. Cuando ya se habían acostumbrado a simplemente sentarse y escuchar, él se dio cuenta de que le costaba mucho poder animar a las personas a activarse. Fue casi como si el Señor hubiera usado esa destrucción por parte del gobierno, para que surgieran con más fuerza. Lo que, en efecto, sucedió.

Luego me explicó que empezaron el movimiento de iglesias en casas, el cual se basaba en cinco pilares. Fue nombrando los pilares y, al principio lo fui siguiendo. El primero consiste en un compromiso muy profundo con la oración. El segundo es el compromiso con la Palabra de Dios. No se trata del predicador, sino de que todos lean y aprendan la Palabra de Dios. El tercero es el compromiso de difundir el evangelio, por lo que todos los miembros compartían el evangelio. Sentí que esos primeros tres pilares coincidían mucho con lo que estábamos tratando de hacer en San Francisco. El cuarto es esperar milagros con regularidad. Debido a su vida de oración y a la confianza en el Espíritu Santo, vivían esperando lo sobrenatural. Eso era algo que nosotros comenzábamos a entender y desear cada vez más.

Sin embargo, cuando nombró el quinto pilar, me tomó completamente por sorpresa. Me dijo: «El quinto pilar es abrazar el sufrimiento por la gloria de Cristo». ¡¿Qué?! Me dijo que la iglesia está fundada en este pilar: *abrazar* el sufrimiento. Eso me pareció insólito, nunca había pensado en eso. Pero, cuanto más lo analizaba, más me convencía de que estaban en lo correcto. Toda la Escritura habla de esto. Ellos incluyeron el sufrimiento en el plan de su iglesia, así como el Nuevo Testamento nos exhorta a que lo hagamos. ¡Y rindió frutos! Al permanecer fieles a la esencia de la iglesia, su propósito original, la congregación generó un grupo de personas apasionadas por Cristo y dispuestas a ir a donde fuera y a hacer lo que fuera, sin importar el precio.

Leemos en Hechos 5:40-41 (LBLA) acerca de la iglesia primitiva: «...y después de llamar a los apóstoles, los azotaron y les ordenaron que no hablaran en el nombre de Jesús y los soltaron. Ellos, pues, salieron de la presencia del concilio, regocijándose de que hubieran sido tenidos por dignos de padecer afrenta por su Nombre». Piensa en esto por un segundo: «regocijándose de que hubieran sido tenidos por dignos de padecer afrenta por su Nombre». ¿Cómo detener a personas así? Ese fue el problema que tuvo el gobierno con la iglesia primitiva. Ellos decían: «¿Cómo los detenemos? Los matamos y parecen ponerse más contentos; los torturamos y se van con gozo. No podemos detenerlos. ¿Acaso los tenemos que matar a todos para no escucharlos más? Se regocijan con esta situación. Incluso, con la persecución se hacen más fuertes».

Hasta que no abracemos el sufrimiento como muchos cristianos alrededor del mundo, no tendremos una iglesia poderosa. El enemigo trabaja arduamente para impedirnos llegar a ese nivel, porque cuando lleguemos, él ya no tendrá dónde pisar.

FUERA DE ESTE MUNDO

Durante la última década, ha sido revitalizante ver que los cristianos son más conscientes de los sentimientos y pensamientos de la gente. En lugar de apresurarse a juzgar y etiquetarlas, se toman el tiempo para escuchar cada historia, conocer y entender esas heridas y esos deseos. Eso es algo muy bueno. Sin embargo, al hacerlo, se ha cometido un gravísimo error: se han perdido de vista los deseos de Dios. Al ocuparse en mostrar compasión por las personas se ha ignorado la santidad de Dios. Han olvidado que lo que Dios siente acerca de un tema, en particular, empequeñece lo que siente cualquier persona. O todos los seres humanos.

«Sea Dios veraz, y todo hombre mentiroso...»
Romanos 3:4 RVR1960

Al esforzarnos por ser sensibles con los demás, perdemos de vista la verdad. Con ello, en vez de ayudar a las personas, las condenamos. La verdadera compasión no solo tiene en cuenta lo que siente la persona hoy, sino que además considera lo que sentirá esa misma persona el día del juicio. Lo que muchos hacen en nombre de la compasión y de una mentalidad amplia, en realidad lo hacen por narcisismo y cobardía. Como queremos que nos acepten, escuchamos y consentimos, pero nos rehusamos a reprender. Si eso es amor, entonces los profetas, los apóstoles y el propio Jesús, fueron los sujetos menos amorosos del planeta. Por el contrario, Jesús nos amó tanto que estuvo dispuesto a sufrir toda una vida de rechazo, incluso el mismo rechazo de su propio Padre cuando estuvo en la cruz. Jesús nunca perdió de vista la santidad de Dios ni lo injurioso del pecado. Él sufrió por hablar con la verdad, mostrándonos que el verdadero amor, a menudo, es rechazado. Así fue Jesús, así es el amor.

Puede que nunca nos enfrentemos a una situación de sufrimiento físico, como nuestros hermanos y hermanas en otras partes del mundo, pero muchos han optado por evadir el sufrimiento del rechazo. En la actualidad, las personas han comenzado a diluir sus convicciones con más frecuencia porque no quieren ofender a nadie. En vez de aceptar la persecución que viene por ir en contra del mundo, hemos elegido abrazar al mundo para tratar de convencerlo de que nos tolere. No es así como se suponía que debía ser.

«Si el mundo los aborrece, tengan presente que antes que a ustedes, me aborreció a mí. Si fueran del mundo, el mundo los amaría como a los suyos. Pero ustedes no son del mundo, sino que yo los he escogido de entre el mundo. Por eso el mundo los aborrece. Recuerden lo que les dije: "Ningún siervo es más que su amo". Si a mí me han perseguido,

también a ustedes los perseguirán. Si han obedecido mis enseñanzas, también obedecerán las de ustedes».

Juan 15:18-20

Cuando Jesús confrontó a los fariseos, no lo hizo con palabras delicadas, los llamó «generación de víboras» (Mateo 3:7; 12:34; 23:33; Lucas 3:7), y usó otra terminología parecida. Cuando vio a la gente en el templo queriendo obtener ganancia intercambiando dinero y vendiendo animales para el sacrificio, los acusó de profanar el templo de Dios y volcó las mesas (Mateo 21:12-17; Marcos 11:15-19; Lucas 19:45-48; Juan 2:13-22). Jesús sintió una ira santa ante la hipocresía de los fariseos, la avaricia y la falta de respeto de los cambistas. ¿No te impresiona el hecho de que, aparte de Jesús, nadie más parecía darse cuenta de los pecados de esos dos grupos de personas? Tú no ves a la multitud de judíos que asistían al templo, confrontando a los fariseos o enojándose por sus actividades profanas en el templo de Dios. Estaban muy acostumbrados a eso. Ya era parte de su cultura.

Creo que, de manera similar, nos hemos acostumbrado y permitido que el pecado invada la iglesia, porque es parte de nuestra cultura. La cultura del mundo, en el siglo veintiuno es totalmente egocéntrica. Lo que desees, ve y tómalo. No importa si hiciste un juramento y te comprometiste con una persona, si ya no te hace feliz, tienes todo el derecho de abandonarla. Nadie tiene derecho a juzgarte. Lo que vale es que te ames, tal y como eres. Cuando comenzamos a funcionar de esa manera en la iglesia, empezamos a adaptar nuestra teología a los deseos de la gente y, en última instancia, a sus pecados. Ese tipo de actitud es un insulto para Dios. No debemos hacer eso en la iglesia. Nuestro compromiso con el reino debe prevalecer por encima de la cultura.

Jesús y los apóstoles fueron perseguidos porque lo que decían y enseñaban iba contra la corriente, era contracultural. La cultura de nuestro mundo está muy corrompida, tal vez más que en los tiempos de Jesús. La enseñanza de la iglesia debería ser radicalmente diferente de lo que enseña el mundo. Cuando eso suceda, habrá reacciones negativas y la asistencia disminuirá, pero la iglesia se purificará. Necesitamos regresar a la teología centrada en Dios más que en el hombre. Y también necesitamos estar dispuestos a volcar algunas mesas y a sufrir por ello.

BUSCA A JESÚS, NO EL SUFRIMIENTO

Aunque estar dispuestos a sufrir es importante, debemos tener cuidado en cuanto a cómo vivimos la teología del sufrimiento. Comprendamos que el objetivo de las Escrituras no es el ascetismo. No estamos buscando el sufrimiento solo para sufrir. Buscamos a Jesús, al que el sufrimiento siempre lo acompaña. Como creyentes, vivimos nuestros días buscando a Cristo, intentando parecernos a él y a la misión que él tiene, pero nada de eso viene sin sufrimiento. Deberíamos ser como los caballos a los que se les colocan anteojeras, para mirar solamente la meta que está frente a nosotros. Al fijar toda nuestra atención en Jesús y buscar que se convierta en nuestra obsesión, tenemos la certeza de que seremos objeto de persecución por todos lados.

No valoramos a Jesús suficientemente, es por eso que creamos una sociedad de creyentes sin compromiso, que evita a toda costa el sufrimiento. Queremos a Jesús, pero con limitaciones. Queremos a Jesús, pero hay un montón de otras cosas que también queremos. Las buenas nuevas de salvación se encuentran al mismo nivel de importancia que otro tipo de «buenas nuevas», como: «¡Me voy a casar!». «¡Vamos a tener un bebé!». «¡Los Mets ganaron la serie mundial de béisbol!». «¡Dios vino en carne, fue crucificado por nuestros pecados, resucitó de la muerte y volverá para juzgar al mundo!». Las otras buenas nuevas causan más emoción que el evangelio. Qué insulto es para Dios nuestro comportamiento.

Debemos tomar un tiempo para meditar en la imposibilidad de la cruz. El todopoderoso, el omnisciente, el omnipotente Dios que con su voz creó el universo, mandó a su Hijo a morir como un criminal, para que tú y yo podamos estar con él para siempre. ¡Podremos morar con él por siempre! No importa cuántas veces lo hayas escuchado, si esto no te incita a postrarte sobre tu rostro en adoración, ¡hay algo que no anda bien!

Tener presente la eternidad nos permitirá poner todo en perspectiva cuando las cosas se pongan difíciles. Cuando comprendamos verdaderamente lo que Jesús hizo por nosotros, el sacrificio a nuestro favor y la belleza incomparable de la vida eterna que prometió al que persevera, no podremos evitar enamorarnos de él a tal grado que deseemos entregarle completamente nuestra vida en agradecimiento por lo que hizo.

«Es más, todo lo considero pérdida por razón
del incomparable valor de conocer a Cristo Jesús,
mi Señor. Por él lo he perdido todo, y lo tengo por
estiércol, a fin de ganar a Cristo y encontrarme
unido a él. No quiero mi propia justicia que procede
de la ley, sino la que se obtiene mediante la fe en
Cristo, la justicia que procede de Dios, basada
en la fe. Lo he perdido todo a fin de conocer
a Cristo, experimentar el poder que se manifestó
en su resurrección, participar en sus sufrimientos
y llegar a ser semejante a él en su muerte.
Así espero alcanzar la resurrección
de entre los muertos».

Filipenses 3:8-11

Al leer el pasaje anterior ¿crees que te describe, crees que otros piensan que te describe? El apóstol Pablo estaba tan obsesionado con conocer a Jesús, que quería participar de los sufrimientos de Cristo. Imagina que Jesús estuviera siendo azotado con un látigo y tú ahí, a su lado, pasando por lo mismo. En ese momento estás mirando a Jesús cara a cara mientras soportas, tú también, el maltrato. Sientes un dolor intolerable, pero puedes ver sus ojos y sabes que estás con el Hijo de Dios, el Creador de todo lo que hay, y que los dos están atravesando esta situación. Pablo quería conocer profundamente a Jesús, aunque eso requiriera sumergirse en el sufrimiento.

Hay un nivel de amor que podemos alcanzar, el cual —al obtenerlo— incita en uno un deseo de intimidad que sientes como si estuvieras a su lado, clavado en la cruz. Podrías perderlo todo: tu reputación, tus comodidades, tus posesiones y contar todo como basura porque, comparado con conocer a Cristo, nada de eso tiene valor. El sufrimiento es muy importante, porque a través de él conocemos más a Jesús. Conocemos el poder de su resurrección. Y conocemos la comunión que hay en su sufrimiento.

AMA A LAS PERSONAS, NO AL SUFRIMIENTO

«Si reparto entre los pobres todo lo que poseo,
y si entrego mi cuerpo para que lo consuman las
llamas, pero no tengo amor, nada gano con eso».
1 Corintios 13:3

Dios es muy claro. La motivación de nuestro sufrimiento debe ser el amor. Ese es el ejemplo del Padre (Juan 3:16) y el del Hijo (15:13). Si hacemos un sacrificio por cualquier otra razón, no hay mérito en ello. Ni siquiera sufrir como misionero es suficiente. Él quiere que ames a las personas con tanta intensidad que te aflija verlas perdidas y que sacrifiques tu vida para llevarles el evangelio.

¿Cuándo fue la última vez que te sacrificaste por el bienestar de otro? A menos que esté equivocado ¿no es ese el objetivo del evangelio? Si no es algo común en tu vida, y no puedes pensar en alguien ajeno a tu familia por quien serías capaz de sacrificarte, entonces necesitas examinar seriamente tu existencia. Eso es lo que identifica a los cristianos del resto del mundo. Que sufrimos porque amamos a la gente, aun a nuestros enemigos.

Tengo amigos que adoptaron niños porque querían tener hijos, pero tengo otros amigos que adoptaron niños porque aman a los niños. Hay una gran diferencia en ello. Tengo amigos que están tan llenos de amor, que adoptaron niños con necesidades especiales y chicos con problemas de conducta. Esas decisiones, por lo regular, crean estragos en la familia. Pero cuando pregunto a esos matrimonios por qué lo hicieron, normalmente la respuesta es: «No pensamos en lo que sufriríamos si lo adoptábamos; pensamos en cuánto sufriría el chiquillo si no lo hacíamos».

Cuando amamos a los demás, nos convertimos en las manos y los pies de Jesús. Jesús amaba a los marginados, los rechazados y los olvidados. Y al final de su vida, esas manos y esos pies fueron clavados en una cruz. El amor real demandará algo de nosotros y siempre nos llevará al sufrimiento.

NUEVAS EXPECTATIVAS

«Queridos hermanos, no se extrañen del fuego de la prueba que están soportando, como si fuera algo insólito. Al contrario, alégrense de tener parte en los sufrimientos de Cristo, para que también sea inmensa su alegría cuando se revele la gloria de Cristo. Dichosos ustedes si los insultan por causa del nombre de Cristo, porque el glorioso Espíritu de Dios reposa sobre ustedes».

1 Pedro 4:12-14

¡Este pasaje lo dice todo! Pedro nos advirtió que no nos sorprendiéramos cuando vinieran las pruebas «como si fuera algo insólito» (v. 12). Las pruebas son parte del plan. Como se ha enseñado un evangelio falso, muchas personas dudan de la soberanía de Dios cuando llega el sufrimiento. La Escritura dice que debemos esperar que llegue, incluso una parte de nuestro ser debería anhelar la prueba, «para que también sea inmensa su alegría cuando se revele la gloria de Cristo» (v. 13). Piensa en el momento en el que Cristo regrese en toda su gloria. Imagina lo contento que estarás cuando recuerdes el sufrimiento que soportaste por amor a su nombre. En ese momento, solo te quedará esperar las recompensas eternas. Pedro dijo que aquellos que hayan padecido rechazo por su causa, son «dichosos … porque el glorioso Espíritu de Dios reposa sobre ustedes» (v. 14). Esta es una declaración poderosa. Lo que él estaba diciendo era que tu disposición para sufrir es la prueba de que el Espíritu de Dios reposa sobre ti. ¡Nuestro sufrimiento demuestra que verdaderamente somos cristianos!

Los cristianos somos gente que cree en la vida después de la muerte. La iglesia es la *Novia* que cree que el *Novio* volverá y la llevará con él para estar juntos por la eternidad. Nuestra confianza en esta verdad produce acciones que pudieran parecer tontas a los ojos de un mundo incrédulo. Nuestra esperanza nos motiva a sufrir. Estamos conscientes de la brevedad de la vida, por lo que esperamos con ansias la gloriosa eternidad. Estamos seguros de que así será y, por ello, lo arriesgamos todo, incluso nuestra vida.

El apóstol Pablo sufrió más que nadie que yo conozca. Al hablar de su sacrificio personal dijo: «Si hemos esperado en Cristo para esta vida solamente, somos, de todos los hombres, los más dignos de lástima» (1 Corintios 15:19 LBLA). Él sabía lo ridículas que resultarían sus acciones si su existencia terminaba al morir, pero no importaba, porque Pablo tenía la confianza de que su muerte física solo sería el principio. El sufrimiento en su vida era la muestra de que creía en aquel primer versículo que tú y yo aprendimos de memoria. Pablo sabía que «no se perdería, mas tendría vida eterna» (Juan 3:16). Estas son las buenas nuevas. Pablo no tuvo temor a la muerte ni al sufrimiento, y así también deberíamos ser nosotros.

Así que, espera encontrarte con el sufrimiento, deséalo y gózate en medio de él, porque esta es nuestra esencia, nuestra herencia y el plan de Dios para la Iglesia. Somos llamados a ser un ejército absolutamente apasionado por Jesús, lo cual nos hace inquebrantables. Esta es la clase de fuerza que puede cambiar al mundo.

«Por tanto, también nosotros, que estamos rodeados de una multitud tan grande de testigos, despojémonos del lastre que nos estorba, en especial del pecado que nos asedia, y corramos con perseverancia la carrera que tenemos por delante. Fijemos la mirada en Jesús, el iniciador y perfeccionador de nuestra fe, quien, por el gozo que le esperaba, soportó la cruz, menospreciando la vergüenza que ella significaba, y ahora está sentado a la derecha del trono de

Dios. Así, pues, consideren a aquel que perseveró frente a tanta oposición por parte de los pecadores, para que no se cansen ni pierdan el ánimo».

Hebreos 12:1-3

Armémonos con este modo de pensar. Recordemos el cielo y vivamos a la luz de lo que viene. Estimulémonos mutuamente a aspirar niveles más altos de entrega y a manifestar expresiones radicales de valentía. Animémonos juntos y regocijémonos en medio del sufrimiento. Nuestra meta es ser creyentes llenos del Espíritu, centrados en el evangelio y dedicados a la oración; pero no olvidemos que también debemos ser cristianos sufridos. Jesús lo fue, un siervo sufriente. Así que perseveremos hasta el fin.

¿PODRÍA SER MÁS OBVIO?

Terminaré este capítulo con varios versículos bíblicos. He utilizado mucha Escritura, pues quiero dejar claro que esta no es una enseñanza oscura y aislada en el Nuevo Testamento. Si acudes a una iglesia que no enseña toda la Escritura, sino solamente las partes que son agradables para las multitudes, entonces puede que para ti sea una enseñanza nueva.

Jesús dijo claramente que seguirlo significaba sufrir, algo que también dijeron todos los demás en el Nuevo Testamento. Por favor, no saltes al capítulo siguiente. Confieso que al leer libros, he sido culpable de ignorar los versículos que ya conozco. Pero, por favor, no hagas eso. Dedica un tiempo para meditar y orar mientras lees los siguientes pasajes. Podrías experimentar una extraordinaria comunión con Jesús mientras interactúas con estos versículos:

«El Espíritu mismo le asegura a nuestro espíritu que somos hijos de Dios. Y, si somos hijos, somos herederos; herederos de Dios y coherederos con Cristo, pues, si ahora sufrimos con él, también tendremos parte con él en su gloria. De hecho, considero que en nada se comparan los sufrimientos actuales con la gloria que habrá de revelarse en nosotros».

Romanos 8:16-18

«Pónganse toda la armadura de Dios para que puedan hacer frente a las artimañas del diablo. Porque nuestra lucha no es contra seres humanos, sino contra poderes, contra autoridades, contra potestades que dominan este mundo de tinieblas, contra fuerzas espirituales malignas en las regiones celestiales».

Efesios 6:11-12

«Porque a ustedes se les ha concedido no solo creer en Cristo, sino también sufrir por él».

Filipenses 1:29

«Todo esto prueba que el juicio de Dios es justo, y por tanto él los considera dignos de su reino, por el cual están sufriendo».

2 Tesalonicenses 1:5

«*Tú, pues, sufre penalidades como
buen soldado de Jesucristo*».

2 Timoteo 2:3 RVR1960

«*Así mismo serán perseguidos todos los que
quieran llevar una vida piadosa en Cristo Jesús*».

2 Timoteo 3:12

«*Por eso también Jesús, para santificar al
pueblo mediante su propia sangre, sufrió fuera
de la puerta de la ciudad. 13 Por lo tanto,
salgamos a su encuentro fuera del campamento,
llevando la deshonra que él llevó*».

Hebreos 13:12-13

«*Porque es digno de elogio que, por sentido de
responsabilidad delante de Dios, se soporten
las penalidades, aun sufriendo injustamente.
Pero ¿cómo pueden ustedes atribuirse mérito
alguno si soportan que los maltraten por hacer el
mal? En cambio, si sufren por hacer el bien, eso
merece elogio delante de Dios. Para esto fueron
llamados, porque Cristo sufrió por ustedes,
dándoles ejemplo para que sigan sus pasos*».

1 Pedro 2:19-21

«*Hermanos, no se extrañen si el mundo los odia*».

1 Juan 3:13

«En esto conocemos lo que es el amor: en que
Jesucristo entregó su vida por nosotros. Así
también nosotros debemos entregar la vida por
nuestros hermanos. Si alguien que posee bienes
materiales ve que su hermano está pasando
necesidad, y no tiene compasión de él, ¿cómo se
puede decir que el amor de Dios habita en él?
Queridos hijos, no amemos de palabra ni de labios
para afuera, sino con hechos y de verdad».

1 Juan 3:16-18

«No tengas miedo de lo que estás por sufrir. Te
advierto que a algunos de ustedes el diablo los
meterá en la cárcel para ponerlos a prueba, y
sufrirán persecución durante diez días. Sé fiel hasta
la muerte, y yo te daré la corona de la vida».

Apocalipsis 2:10

SIN ATADURAS

Me encontraba comiendo en São Paulo con el pastor de una congregación próspera. Empecé a animarlo por las emocionantes experiencias que vi suceder, pero me detuvo en medio del elogio y me dijo: «Sí, pero la iglesia parece un zoológico; muchas iglesias parecen zoológicos. Sacamos todos esos poderosos animales de la jungla y los exhibimos en jaulas. ¿Has visto la película animada *Madagascar*?». Al instante supe de lo que hablaba.

La película empieza con unos animales «salvajes» que están en un zoológico. Todos los espectadores se maravillan al ver esos animales fuertes y exóticos. El preferido de todos es el león. Los niños enloquecen con él y lo aplauden cada vez que ruge. La mayoría de los animales disfruta ese ambiente; ahí los cuidan muy bien. Los entrenadores los atienden; les dan todo lo que necesitan; cuidan que sus hábitats, los cuales están meticulosamente diseñados para que sean lo más parecidos a su «ambiente natural», sean seguros y cómodos para los animales.

La cebra, sin embargo, sueña que está en su ambiente natural en la jungla, por lo que no puede dejar de pensar que realmente no fue creada para vivir en un zoológico; fue hecha para andar en libertad. Debido a su impaciencia, crea una situación que ocasiona que varios animales huyan del zoológico. Después de una gran aventura, terminan en la selva de Madagascar. Es una película muy graciosa porque se trata de animales domesticados que intentan sobrevivir en un ambiente salvaje. Esos animales nacieron para ser libres, con instintos y características físicas necesarias para desarrollarse. Pero el zoológico los hizo dóciles e inútiles para sobrevivir en la naturaleza salvaje.[1]

Me pregunto si te has sentido como la cebra. Encuentras que has sido un miembro fiel a tu iglesia, pero dentro de ti hay una sensación de que fuiste creado para hacer más. Tal vez hayas experimentado lo que es vivir en el mundo salvaje; ya sea en un viaje misionero al extranjero o compartiendo la Palabra con denuedo entre tus vecinos. Conoces el gozo de ver cómo prosperas con el uso de tus instintos. Pero ahora estás atrapado en un zoológico, donde todo es muy cómodo y todo está bajo control. Y lo único que quieres es volver a vivir en el ambiente salvaje.

LECCIONES DEL ORIENTE

Estuve en Seúl, en un desayuno para pastores de megaiglesias. Un pastor de una iglesia de setenta mil personas me preguntó: «¿Cómo puedo hacer para que mi gente salga de

la iglesia y viva por fe?». Me explicó que se había convertido en un experto en reunir multitudes, lo que ahora quería
era dispersarlos para que vivan por fe y compartan el evangelio, pero estaban todos tan cómodos que no se querían ir.
Otro pastor de una iglesia más pequeña (de «*solo*» cuarenta mil personas), me explicó que el pastor fundador de su
congregación les dijo a los miembros que no permanecieran
ahí más de cinco años. Ese pastor deducía que después de
ese tiempo ya no habría nada más que pudieran aprender
de él. Y así como cuando un adolescente cumple los diecio-
cho años, sería tiempo de que comenzaran un nuevo viaje;
pero se toparon con un problema: cuando la gente se sintió
cómoda en el zoológico, se negaron a irse. Es más, ya no se
sentían capaces de sobrevivir fuera del zoológico.

En Beijing, estuve predicando a pastores que anteriormente lideraban iglesias clandestinas o subterráneas. Con
la opresión disminuyendo en China, ha existido más libertad, al punto que algunas iglesias se han hecho públicas.
Lograron alquilar edificios y celebrar servicios habituales así como lo hacemos en Estados Unidos. Les fue muy
bien pero, con el tiempo, esos pastores se desanimaron
mucho. Desearía poder expresar la frustración y la deses-
peración que había en sus voces. Hablaban de los buenos
tiempos, cuando la gente arriesgaba sus vidas difundiendo
el evangelio y haciendo discípulos. Pero ahora, esos pastores lamentaban la manera en la que gente asistía a los
servicios, esperando que los líderes los alimentaran y los
atendieran. En Corea, habían visto esa misma actitud y les
aterraba pensar que les sucediera lo mismo. Lo que la gente
quería era un Jesús y una iglesia cómoda que supliera sus

necesidades. Lo que comenzó como un movimiento, se convirtió en un grupo de gente sentada cómodamente durante los servicios.

Mi mente se transportó cinco años atrás, a un servicio al cual fui con mi hija, en la iglesia clandestina en China. Los jóvenes oraban apasionadamente, rogándole a Dios que los enviara a los lugares más peligrosos. ¡Anhelaban morir como mártires! Nunca había visto algo así. Recuerdo la pasión por Jesús que tenía esa iglesia. Sus anécdotas sobre la persecución me dejaron pasmado, por lo que les pedí que me contaran más. Después de un rato, me preguntaron por qué estaba tan interesado. Les dije que las iglesias en Estados Unidos no son como las de ellos. Fue vergonzoso tratar de explicarles que la gente se reúne una vez a la semana, por noventa minutos en un edificio que llamamos «iglesia». Les conté la tendencia de la gente de cambiar de iglesia en busca de mejor enseñanza, mejor música, mejor cuidado de niños. A medida que les narraba la vida del creyente en Estados Unidos, las risas empezaron y terminaron en carcajadas. Me sentí como un comediante, aunque solo les describía la iglesia en Estados Unidos, según mi experiencia. Encontraron muy gracioso que leyendo las mismas Escrituras que ellos, tuviéramos un comportamiento tan incongruente.

Conversando con un pastor de Filipinas, cuya iglesia tiene más de treinta mil miembros, me dijo que solía enviar misioneros a los Estados Unidos para recibir capacitación bíblica, pero que nunca más volvería a cometer ese error. Me explicó que cuando esos aspirantes a misioneros pasaron un tiempo en Estados Unidos ¡se negaron a regresar a su país! Una vez que probaron las comodidades, buscaban excusas de todo tipo para quedarse a vivir en el país recibiendo un sueldo de la iglesia y para criar a sus hijos en Estados Unidos.

A veces, se necesita un extraño para que nos señale los problemas tan evidentes que hemos optado por ignorar. Ese pastor ahora entrena a los misioneros en las Filipinas en un ambiente donde no hay más tentación ni comodidades, sino que los mantiene enfocados en la misión: en el ambiente salvaje.

¿PODER HIPOTÉTICO?

Cuando la Biblia describe el poder que tienes a tu disposición, ¿no te parece una exageración? Parece extremo, pero no vemos mucho de eso ni en forma individual ni en la iglesia. Esta discrepancia pudiera desafiar nuestra fe en las Escrituras. ¿Cómo es que la Biblia promete cosas que nunca hemos experimentado? Pero, ¿estás dispuesto a considerar que la Biblia es precisa y que la iglesia nos ha domesticado a tal grado, que hasta dudamos de nuestro poder?

Tal vez estamos tan cómodos en el zoológico, que descartamos «el mundo salvaje» como si se tratara de un mito. ¿Estamos seguros de que nuestras iglesias no son zoológicos?

En lugar de producir misioneros poderosos y valientes, que vayan hasta los confines de la tierra, tenemos a individuos de treinta y tantos años, que aún viven en la casa de sus padres y se quejan porque en la iglesia no hay un grupo para solteros. Después de todo, ¿cómo podría, un soltero cristiano, sobrevivir fuera de la jaula de los solteros, donde se le alimenta una vez por semana? Estamos muy ocupados enfatizando que Dios quiere que vivamos seguros y buscando a Dios con la misma actitud que tendríamos si nuestra única preocupación fuesen la comodidad y la felicidad.

Querida iglesia, la solución no es construir jaulas más grandes y elegantes. Tampoco es renovar las mismas jaulas para que se parezcan al ambiente natural. Es hora de abrir las jaulas y recordarles a los animales los instintos y capacidades que Dios puso en ellos. Alan Hirsch dijo: «Hay muchas iglesias, en las que la misión se ha convertido en mantenerse como institución».[2] La manera de acabar con la mentalidad de víctima no es dándoles más, sino enviándolos.

«[Mi oración es que sepan] cuán incomparable es la grandeza de su poder a favor de los que creemos. Ese poder es la fuerza grandiosa y eficaz que Dios ejerció en Cristo cuando lo resucitó de entre los muertos y lo sentó a su derecha en las regiones celestiales, muy por encima de todo gobierno y autoridad, poder y dominio, y de cualquier otro nombre que se invoque, no solo en este mundo, sino también en el venidero».

Efesios 1:19-21

Examina bien las palabras «cuán incomparable es la grandeza de su poder» (v. 19). ¿Cuándo fue la última vez que alguien te recordó esa verdad? Es similar a lo que Pablo dijo en la Carta a los Efesios 3:20: «Al que puede hacer muchísimo más que todo lo que podamos imaginarnos o pedir, por el poder que obra eficazmente en nosotros». Nombra a tres personas que conozcas y que viven como si realmente creyeran este versículo.

Esto se escribió para todos nosotros. Pero no podemos simplemente enseñarlo en un sermón. Esta clase de fe requiere de oración verdadera. Necesitamos pasar menos tiempo atendiendo las necesidades de los demás y más tiempo pronunciando la oración de Pablo que vemos en Efesios 1 y 3. Necesitamos más enseñanza sólida de la Biblia con el fin de recordarle a la gente estas profundas verdades para que así no se refugien en los placeres superficiales ni se aferren a las comodidades habituales.

Tenemos capacidad para hacer mucho más. Somos como bestias feroces que fueron creadas para andar en su ambiente salvaje. Cuando nos reunimos como iglesia, se supone que deberíamos «estimularnos al amor y a las buenas obras» (Hebreos 10:24). No me malinterpretes, es entretenido observar a un león comer un trozo de carne que el encargado del zoológico le dio, pero es muy aburrido si lo comparamos con un león cazando su presa en la jungla. Es hora de preparar a la gente para que vivan de nuevo en el ambiente salvaje. Aun, nuestras reuniones deberían ser salvajes (pero manteniendo el orden). Puedes leer lo que pasaba con la iglesia en Hechos y 1 Corintios 12-14. Se les pedía que mantuvieran el orden, pero Dios estaba haciendo cosas muy insólitas a través de la iglesia.

¿Cómo describirías las reuniones de tu iglesia? Supongo que *salvaje* no es el adjetivo que usarías.

MANTÉN A LOS NIÑOS ALEJADOS

Nunca lo he dicho en voz alta, pero pusimos un letrero en la entrada de la iglesia diciendo que no se permiten niños menores de cinco años en el santuario. Animamos a los menores de doce años para que participen en los programas de niños, no de los adultos. Creo que mis motivos eran correctos; no quería que los bebés y los niños pequeños nos distrajeran, y sentía que los niños podían obtener mejor beneficio en clases específicamente diseñadas para ellos. Aún creo que debemos considerar esos factores, pero hay una historia más importante.

Si el Espíritu Santo entra a morar en la persona al momento de la salvación, entonces ¿reciben, los niños creyentes la versión completa del Espíritu Santo? De ser así, ¿también ellos tienen dones para edificar al cuerpo? Notemos las enérgicas palabras que usó Jesús al hablar acerca de los niños en Mateo 18.

Después de decirles a los discípulos que les permitieran a los niños que se acercaran a él, Jesús hizo las siguientes declaraciones. Me imagino a los niños rodeándolo, tal vez uno o dos sentados en sus piernas mientras enseñaba a los adultos: «Les aseguro que a menos que ustedes cambien y se vuelvan como niños, no entrarán en el reino de los cielos» (v. 3).

No creo que puedas hacer una declaración más fuerte que esa. Eso debería hacernos temblar más que producir ternura porque se trata de un lindo versículo acerca de los niños. Si nuestra entrada al cielo está ajustada a nuestro parecido con los niños, ¿no deberíamos prestar más atención a los niños para imitarlos? Jesús continuó, diciendo:

> «Por tanto, el que se humilla como este niño será
> el más grande en el reino de los cielos. Y el que
> recibe en mi nombre a un niño como este, me
> recibe a mí. Pero, si alguien hace pecar a uno de
> estos pequeños que creen en mí, más le valdría que
> le colgaran al cuello una gran piedra de molino
> y lo hundieran en lo profundo del mar».
>
> Mateo 18:4-6

El lenguaje que Jesús usó no podría ser más severo. Y lo hizo así para hablar contra los que maltratan y subestiman a los niños.

Jesús dijo: «Miren que no menosprecien a uno de estos pequeños. Porque les digo que en el cielo los ángeles de ellos contemplan siempre el rostro de mi Padre celestial» (v. 10). Existe un debate en cuanto a lo que quiso decir con «los ángeles de ellos» pero, independientemente de su significado exacto, esta es una advertencia muy seria para las personas como yo, que nos irritamos fácilmente con los niños desobedientes.

Jesús insistió: «Así también, el Padre de ustedes que está en el cielo no quiere que se pierda ninguno de estos pequeños» (v. 14). Justo antes de que Jesús dijera eso, habló acerca de la oveja perdida, en lugar de las noventa y nueve que se encontraban seguras en el redil. Lee el contexto. ¿Sabías que estaba hablando de los niños en este pasaje?

Dios valora a los niños y el papel que ellos tienen en su reino mucho más que lo que lo hacemos nosotros. Debemos arrepentirnos y procurar valorar al máximo su contribución, pues Dios no los ve como una inconveniencia ni una obligación. En lo que a nosotros respecta, estos pasajes nos han llevado a involucrar a los niños en nuestras reuniones y los resultados han sido fabulosos. Escuchar a los niños hablar acerca de lo que aprendieron en sus devocionales es algo muy alentador. Poner a los niños a orar por los adultos ha sido una experiencia intensa y afable. La fe con la que oran y la sencillez al compartir logra algo que los adultos no podemos conseguir.

LECCIONES DESDE ÁFRICA

Mi amiga Jen dirige un ministerio en África que actualmente se encarga de discipular a más de 250.000 niños a la semana. Esos chicos van a lugares donde hay personas marginadas con el fin de sanar enfermos y predicar el evangelio. ¡Chicos! En 2017, esos niños compartieron el evangelio a 169 grupos de personas no alcanzadas. Comparten el evangelio en lugares donde misioneros adultos han sido asesinados por predicar. Estas obras las hace Dios a través de los niños, no podríamos imaginar que hiciera lo mismo a través de nosotros.

Jen me cuenta cómo esos niños fueron a un pueblo donde había una densa oscuridad espiritual. Los niños del pueblo morían de manera misteriosa cada semana y sin razón aparente. Pero esos pequeños tomaron la valiente decisión de quedarse en el pueblo y oraron varias horas. La situación cambió gracias a sus oraciones, de modo que las muertes misteriosas dejaron de suceder. Muchas personas del pueblo aceptaron a Jesús. Hay muchas historias de esos niños que con su fe tan sencilla oran por sanidades en el nombre de Jesús, en medio de animistas y musulmanes. ¿No resulta un poco desalentador ver a nuestros niños aprendiendo la historia de Jonás con marionetas y coreografía, mientras estos otros transforman pueblos enteros con su oración? ¿Crees que debemos conformarnos a esto sencillamente por nuestra ubicación geográfica? Puede ser que estemos desperdiciando nuestro recurso más valioso y que estemos tratando a nuestros mejores activos como obligaciones.

LIBEREN A LOS NIÑOS

Necesitamos recordarles a nuestros niños el poder que tienen. Tal vez tengamos la misma actitud con los niños de edad escolar en la iglesia porque no esperamos nada de los más pequeños. Los educamos como si su único objetivo es abstenerse del sexo y el alcohol. Luego, cuando son jóvenes a nivel de bachillerato, tratamos de entretenerlos para que no dejen de asistir. ¡Nada que ver con la oveja perdida! Podemos seguir haciendo las cosas de la misma manera, pero tal vez debamos dar más libertad y menos domesticación. ¿Qué sucedería si entrenamos a nuestros leoncillos para atacar en vez de mantenerlos protegidos? Es hora de que obedezcamos las palabras de Jesús y aprendamos de nuestros niños.

He sido padre el tiempo suficiente para saber que no existe el consejo perfecto que se adapte a la correcta educación de los hijos. Ser padre es una de las cosas más difíciles, por lo que quisiera que comprendieras que no estoy diciendo que lo sé todo. Solamente quiero aportar mi granito de arena. Mis hijos me sorprenden y no me atrevo a adjudicarme el crédito por la fe que tienen o por sus logros ya que, todo lo bueno de mis hijos, se lo debo absolutamente a la gracia de Dios y al poder del Espíritu Santo que obra en ellos. Esto lo creo y le agradezco a Dios por salvar a mis hijos y darles de su poder.

Dicho esto, ha habido una clara tendencia entre los padres cristianos a implementar la educación en casa. Y no estoy diciendo que esté mal. Todos mis hijos han asistido, hasta ahora, a escuelas públicas, aunque eso no significa que continuarán de la misma manera. Solo quiero señalar que he visto a Dios usando a mis hijos de manera poderosa en el colegio. Más allá de guardar su virginidad o evitar que consuman alcohol o drogas, el Espíritu los ha usado maravillosamente. Los hemos visto compartir el evangelio, guiando a sus amigos a los pies de Jesús y defendiendo la verdad ante sus compañeros de clase. Han desafiado a sus maestros e, incluso, han invitado a varios de ellos a la iglesia. Nada de eso debería sorprendernos, si creemos en el Espíritu Santo.

Algunos dirán que es injusto enviar a un niño al colegio público. Lo comparan a lanzar al chico a un río de aguas tempestuosas para que aprenda a nadar; eso es imposible e injusto. Esto da lugar a pensar que el Espíritu Santo tiene poder limitado, o nulo, en nuestras vidas. He elegido considerar a mis hijos como nadadores olímpicos. Les digo que son misioneros en su colegio y que pueden confiar en el poder del Espíritu Santo para vencer los desafíos e influenciar a quienes los rodean. Mi deseo es que al entrenarlos a depender del Espíritu Santo, esto les ayude a estar en medio de un grupo de personas marginadas o en medio de una empresa prominente, como las Fortune 500.

Reitero, no estoy recomendando que debieran enviar a sus hijos a colegios públicos; tampoco estoy diciendo que debamos ponerlos en riesgo. Me pregunto si nuestro hábito de subestimar el poder de Dios en ellos es la mentalidad que estamos inculcando y que afectará el resto de sus vidas. Tal vez nuestra incapacidad sea un producto del tiempo.

LIBEREN A LA GENTE

Al escribir acerca de los niños, en realidad, no me estoy refiriendo exclusivamente a ellos. Nuestros niños son, simplemente, un ejemplo concreto de cómo funciona la iglesia. Los subestimamos y tenemos temor de lo que podría suceder si les damos libertad, así que los mantenemos entretenidos, educados y aislados. ¿Hay alguna diferencia en nuestro trato a los miembros de la iglesia?

En realidad, cuando establecemos la iglesia bajo esta estructura, no solamente subestimamos a los niños y a los miembros, ¡sino también al Espíritu Santo! Hemos fundado iglesias modernas asumiendo que Dios obra a través del reducido número de personas talentosas, afluentes e impresionantes, mientras que a todos los demás les damos un lugar cómodo para sentarse, desde donde puedan ser bendecidos por medio de lo que hace Dios a través de los líderes influyentes.

Creo que nosotros los de la iglesia estadounidense, francamente, necesitamos postrarnos de rodillas y arrepentirnos de la actitud condescendiente que tenemos con el Espíritu Santo de Dios. Hemos leído claras afirmaciones en las Escrituras de que el Espíritu se manifiesta a través de todos los creyentes, pero hemos decidido que nuestra idea es mejor; que toda esta gente no está lista para tal responsabilidad y que tendremos resultados más efectivos si las personas talentosas se encargan de todo el trabajo. No creemos que el Espíritu sea capaz de trabajar a través de los que nos rodean. Nos consideramos más sabios. Que Dios nos perdone por edificar las iglesias como imperios, teniendo nuestra arrogancia como cimiento.

No me malinterpretes, nuestros zoológicos son impresionantes. Los animales han aprendido a sentirse a gusto en los hábitats que hemos fabricado. En muchos casos, uno de los miembros en la audiencia puede creer que realmente se encuentra en su jungla. Sin embargo, sabemos que hay algo más. Estamos convencidos de que no fuimos creados para estar encerrados en jaulas. Dejemos de construir y mantener zoológicos. Es tiempo de que experimentemos lo que significa ser la iglesia tipo jungla.

ENVIADOS

A unos meses de haber llamado a sus discípulos, Jesús los envió lejos. Esto no quiere decir que ya estaban totalmente capacitados y fueran perfectos. Nos enseña que enviarlos era parte de su entrenamiento. Jesús no les enseñaba en un salón de clases. Los discípulos caminaban a su lado y, más tarde, él los envió. Jesús esperaba que fueran a proclamar el arrepentimiento, a echar fuera demonios y a sanar (Marcos 6:12-13). Él les dijo que los estaba enviando como ovejas en medio de lobos, y les explicó que serían aborrecidos y perseguidos (Mateo 10:16-22). También, en esa ocasión, Jesús les prometió que él les daría las palabras que debían decir en los tiempos de prueba. Estaban siendo enviados a una misión extremadamente peligrosa con un mínimo de entrenamiento. Tal vez fue por eso que esos hombres pudieron hacer discípulos alrededor del mundo. ¡Este método es totalmente opuesto al entrenamiento que damos en la actualidad! ¿Deberíamos considerar que brindar comodidad, salones de clases y auditorios con asientos cómodos no es la mejor forma de entrenar líderes arrojados? Consideremos las corrientes que se han dado recientemente en otros países. Todo ha sido gracias a la práctica del principio de «entrenar y enviar», el cual es para todos.

Observa las siguientes estadísticas:[3]

- «Un misionero en Asia Oriental reportó: "En noviembre del año 2000, puse en marcha mi plan de tres años. Mi visión consistía en iniciar doscientas iglesias nuevas dentro de mi campo misionero, en los siguientes tres años. Sin embargo, cuatro meses después ya habíamos alcanzado la meta. Seis meses después, ¡ya habíamos empezado trescientos sesenta iglesias y habíamos bautizado a más de diez mil nuevos creyentes! Ahora le estoy pidiendo a Dios que ensanche mi visión"».

- «Los cristianos chinos de la provincia de Heilongjiang, plantaron 236 iglesias nuevas en un solo mes». En el año 2002, un movimiento de plantación de iglesias en China, fundó cerca de 15.000 iglesias nuevas y bautizó a 160.000 nuevos creyentes en un año».

- «En la década de 1990, los cristianos de América Latina superaron una persecución implacable por parte del gobierno, e incrementaron el número de iglesias; de 235 a más de 4.000 con más de 30.000 personas convertidas y listas para bautizarse».

- «Luego de siglos de hostilidad hacia el cristianismo, muchos musulmanes de Asia Central están recibiendo el evangelio. En Kazajistán [la década anterior al 2004] más de 13.000 personas se convirtieron, congregándose en más de 300 iglesias nuevas».

- «Un misionero en África reportó: "Nos tomó treinta años poder plantar cuatro iglesias en este país. Hemos comenzado 65 iglesias nuevas en los últimos nueve meses"».

- «En el estado de Madhya Pradesh, en el corazón de India, un movimiento plantó 4.000 iglesias nuevas en menos de siete años. En otras partes de India, en la década de 1990, la tribu Kui en Orissa, comenzaron cerca de mil iglesias nuevas. En 1999, bautizaron a más de 8.000 nuevos creyentes. Para el 2001, estaban fundando una iglesia nueva cada veinticuatro horas».

- «En las afueras de Mongolia, un movimiento de plantación de iglesias obtuvo una cosecha de más de 10.000 seguidores, mientras que otro movimiento en el interior de Mongolia contó más de 50.000 nuevos creyentes; todo eso durante 1990».

¿No deseamos ser parte de movimientos como estos? Este es el poder que debemos ver entre los creyentes, puesto que esto concuerda con las Escrituras.

La iglesia fue creada para ser un ejército hermoso que es enviado a iluminar toda la tierra. En lugar de estar escondidos en un refugio, deberíamos estar llevando con arrojo el mensaje de Jesús a los lugares más remotos. El mundo debería asombrarse al ver que su pueblo tiene un gozo inefable y una paz que sobrepasa todo entendimiento (Filipenses 4:7; 1 Pedro 1:8). Medita en lo que dicen estos pasajes. Insisto, estas frases parecen exageraciones más que expectativas reales. ¿Has observado incredulidad de parte de la gente que ve tu paz absoluta? ¿Eres conocido por ser alguien absurdamente gozoso? A esto, agrega «la supereminente grandeza de su poder» en ti (Efesios 1:19 RVR1960) y nunca más pasarás inadvertido. Hemos intentado atraer a la gente usando estrategias, pero ¿qué pasaría si vieran un ejército de personas que tienen un gozo inefable, una paz que sobrepasa todo entendimiento y una supereminente grandeza de poder? ¿Acaso no quedarían intrigados?

La iglesia primitiva atraía a las personas. ¿Quién no quedaría fascinado con un grupo que comparte sus posesiones, se regocija en todo momento, tiene paz más allá de toda comprensión, poder incalculable, que nunca se queja y siempre da gracias? Algunas personas se les unieron, otros los odiaron, pero no fueron ignorados. No hubieran permitido que los ignoraran, ya que compartían el evangelio con gran valentía. Esta es nuestra herencia; está en nuestra esencia. Debemos dejar de crear refugios seguros donde la gente se esconda y comenzar a desarrollar guerreros audaces para enviarlos a predicar.

OTRA VEZ IGLESIA

Si pudiera regresar en el tiempo y dejarle una nota a mi versión de veinticinco años, esto es lo que escribiría:

«Definitivamente, cásate con Lisa, no te arrepentirás».

«Ten muchos hijos y no te preocupes por la mayor; va a estar bien».

«Conoce a Dios. No te limites a servirle. Pasas mucho tiempo logrando metas. Dios quiere que disfrutes de su compañía; no es una pérdida de tiempo».

«Cuando comiences tu iglesia, no te copies de los demás. Estudia la Biblia con ojos renovados y busca todo lo que él demandó. Serás tentado constantemente a hacer lo que quieres o lo que quieren los demás. Pero debes hacer lo que más le agrada a Dios. Los años pasarán volando, más rápido de lo que te imaginas. Estarás cara a cara con Dios más pronto de lo que piensas, así que no dejes que la gente te persuada de tus convicciones».

Si pudiéramos regresar y revivir los últimos veinticinco años, haríamos las cosas de manera muy diferente. Una de las grandes bendiciones de mi vida es que tuve la oportunidad de empezar de nuevo. Dios me dio la oportunidad de comenzar otra iglesia y, al ser más viejo (y espero más sabio), dirigimos la congregación de manera muy distinta a lo que hicimos siendo más jóvenes. Aún estamos lejos de ser lo que creo que la iglesia puede llegar a ser, pero estoy disfrutando mucho el proceso.

Aunque parte de mí desea haber hecho las cosas de esta manera desde el principio, también veo cómo Dios usó el camino que tomé para su gloria. En retrospectiva, puedo ver la manera que Dios usó, incluso mi orgullo, para su propósito. Cuando la iglesia Cornerstone estaba en crecimiento, algunos pastores trataron de convencerme de que, tener iglesias más pequeñas, era una mejor estrategia para cultivar el amor y la obediencia que Dios deseaba. En mi arrogancia pensé: *Dicen eso porque son incapaces de tener iglesias grandes y su visión no es tan amplia como la mía. Está bien que quieran ser fieles con los tres talentos que se les entregó, pero yo necesito ser fiel con los ocho o nueve que Dios me dio.* Me da mucha vergüenza admitir esto públicamente, pero tal vez mi confesión ayude a algunos. Hay una actitud predominante y es que lo mejor que podemos hacer es tener la iglesia más grande que podamos construir. Quizá el camino inexacto que recorrí pueda disipar la noción de que tener una iglesia pequeña es la opción del menos competente, y logre demostrar en realidad que esta es una elección basada en una convicción bíblica y en el deseo de alcanzar a las masas.

Di muchas vueltas tratando de decidir si escribía este capítulo. Hasta este punto, el libro se ha tratado de conceptos bíblicos absolutos. He tocado problemas de pecado que ninguna iglesia puede darse el lujo de ignorar; son mandamientos claros que vienen directamente de la boca de Dios. Sería una locura que encuentres las fallas y no hagas nada al respecto.

No quiero causar confusión al escribir acerca de mi experiencia actual en la iglesia, pero sé que hay mucha gente que tiene curiosidad de saber cómo empleamos estos mandamientos en los Estados Unidos del siglo veintiuno. El propósito de este capítulo es describir algunas cosas que hemos hecho obedeciendo los mandamientos mencionados en capítulos previos. Esos mandamientos son perfectos y santos, y lo que espero con este libro es motivarte a cambiar todo lo que sea necesario para que seas obediente a ellos.

Si nuestra iglesia en San Francisco crece a cien mil personas, eso no debería motivarte más. Y si mengua a una docena de personas, eso no debería motivarte menos. Los mandamientos de Dios son sagrados. Salieron de la boca de Dios y eso debería ser más que suficiente para motivar nuestra búsqueda incansable de la obediencia. Si uno de mis pastores, repentinamente, cae en una falta moral (Dios no lo quiera), eso no niega la verdad de todo lo que se ha escrito. Bueno, creo que he dado suficientes advertencias, pienso que se ha captado el punto.

LA ESTRUCTURA CUENTA

El Nuevo Testamento evita establecer un modelo preciso de cómo debe estar estructurada la iglesia. Los autores bíblicos pudieron haber sido claros al respecto, sin embargo, nos dan mucha libertad en el tema. Creo que esto es importante y es parte de la preservación del misterio de la iglesia.

Eso no significa que la estructura no importe. A través de los años, al atender y pastorear congregaciones he aprendido que debemos ser intencionales en la forma en la que estructuramos la iglesia, ya que eso dictamina la dirección que ha de seguir. Una estructura sólida y bíblica es absolutamente necesaria para evitar que nos extraviemos.

A menudo, tu modelo de iglesia expresa tu verdadera teología. Al reexaminar lo que la iglesia debería ser, Tim Chester y Steve Timmis, tomaron prestado el concepto de «estructuras herejes» de John Stott. A continuación, veamos cómo funciona: Asumo que la declaración doctrinal de tu iglesia dice algo acerca de que todos los creyentes usan sus dones espirituales para manifestar el Espíritu Santo. Esa es una buena teología. Pero, déjame preguntarte: ¿Trasmite, la estructura de tu iglesia, una teología diferente? La estructura de tu iglesia, ¿muestra que los dones de cada creyente son importantes? ¿O sugiere que solamente importan los dones del pastor, los de los líderes de alabanza y los de algunos músicos? Si es así, están funcionando bajo una estructura hereje. Tu estructura hereje habla más que tu declaración teológica ortodoxa. «La teología que verdaderamente importa no es la que profesamos, sino la que practicamos».[1]

Conozco personas que creen necesario adoptar ciertas tradiciones modernas. La realidad es que algunas de esas prácticas opcionales pueden impedir que la iglesia ponga en práctica los principios bíblicos que fueron establecidos para moldearla. Hay elementos en las iglesias modernas que, en apariencia, parecieran buenas ideas; pero, en realidad, anulan la visión bíblica de la unidad, la verdadera comunión, el amor mutuo y la búsqueda de la misión. Hay muchos que teniendo en cuenta esos elementos afirman que no es posible lograr una iglesia así.

MÁS ESPACIO PARA DIOS

Mientras escribo esto, mi esposa se encuentra en la cochera. Puedo escucharla limpiando las repisas de las cosas que hemos acumulado en los últimos años. Me encanta cuando limpiamos la casa. A veces, hasta puedo sentir que respiro mejor cuando nos deshacemos de los objetos almacenados. Tal vez hayas visto algún episodio del programa televisivo Hoarders [*Los acumuladores*]. Es sofocante ver a la gente que acumula basura, tanta que ni pueden caminar en sus propias casas. ¿Alguna vez te has sentido sofocado por todas las actividades cristianas? Algo dentro de ti anhela tener espacio para respirar; tener más espacio para que Dios se mueva con libertad.

Hace poco fui de vacaciones con toda mi familia. Pasamos cuatro días en una cabaña en medio de la nieve. Para nuestras vacaciones, puse una regla: nada de aparatos electrónicos, teléfonos, videojuegos, televisión ni computadoras. Ya sé lo que algunos están pensando: *¿Cómo sobrevivieron? ¿Cómo lograste convencer a tu familia para que vivieran cuatro días en la era prehistórica?* Bueno, mi regla no fue recibida con aplausos y celebración, pero conocían las intenciones de papá. Como era de esperarse, la ausencia de aparatos electrónicos nos forzó a buscar entretenimiento. Pasamos días jugando con bolas de nieve, paseando en trineo, fogatas, juegos de mesa, hablando, riendo, todo lo que los humanos solíamos hacer antes de descubrir los teléfonos inteligentes. Y, probablemente adivinaste, pasamos un tiempo estupendo y volvimos a casa más unidos como familia. De hecho, algunos de mis hijos sugirieron hacer lo mismo ¡cada temporada vacacional! Al eliminar los dispositivos electrónicos, hicimos más espacio para todos.

Creo que nos sorprendería todo lo que podemos lograr si tuviéramos menos. Imagina que la iglesia depurara todo, hasta quedarse solamente con un grupo de personas que tienen una Biblia, un vaso y un poco de pan. Para algunos, esto luce ridículo; mientras que para otros parece ideal. Muchos, alrededor del mundo, experimentan eso y les encanta. Una experiencia más sencilla en la iglesia nos beneficiaría; nos llevaría a tener una relación más profunda y una dependencia más fuerte de Dios. Tal vez descubramos que las cosas que añadimos para mejorar la iglesia son las mismas que desplazaron a Dios.

Algunos de esos complementos nacieron por nuestra falta de fe. En realidad, no esperamos que Dios se mueva, por eso decidimos llenar nuestras reuniones de elementos emocionantes para entretener a la iglesia, por si Dios no hace nada. A la larga esto no funciona. Al final, la gente dejará de emocionarse con actividades que encuentra en cualquier sala de cine. Después de todo, vinieron a la iglesia a buscar algo sobrenatural. No temas al silencio, no tengas miedo de celebrar reuniones que resulten aburridas si Dios no se manifiesta. Los días de oración juntos en el aposento alto requieren fe y paciencia, pero los resultados valen la inversión. Debemos dejar de pensar que lo grande y complejo es mejor que lo pequeño y sencillo. No podemos seguir incrementando la producción para sustituir las expresiones genuinas del Espíritu por medio de personas ordinarias e inexpertas.

SOMOS LOS COMIENZOS DE LA IGLESIA

En el año 2013, reuní a veinte personas en mi casa. No tenía un plan detallado, solamente contaba con mucha convicción. En nuestra primera reunión dije que quería que nos enfocáramos en seguir todo lo que leí en el Nuevo Testamento. Quería ver un profundo amor familiar y que todos usáramos nuestros dones. Dejé claro que no sería pastor vitalicio. Al contrario —les dije—, durante los seis a doce meses que dirigiría la iglesia, estaría instruyendo a cuatro personas para ayudarlos a convertirse en pastores listos para liderar. De esa forma, cuando nuestra iglesia se multiplicara en dos, cada una estaría liderada por dos equipos de dos.

Llegamos a ser una familia tan unida que ninguno disfrutaba del momento de la multiplicación porque nadie quería separarse. Pero entendimos que era necesario para poder producir y desarrollar más líderes.

A través de los años, hemos hecho muchos cambios y vienen muchos más. La iglesia está en constante cambio; sin embargo, los ancianos nos mantienen enfocados en los valores fundamentales, esto es, en esencia, lo que nos hemos esforzado en producir.

Adoradores devotos. Queremos ser personas comprometidas a adorar a Dios; personas que siempre quieran más de él, no personas que solamente lo adoren cuando les convenga o cuando la persona correcta está dirigiendo la alabanza. Lo que nos debe emocionar al adorar es el *objeto* de nuestra adoración.

Familias amorosas. Queremos ser personas que se amen profundamente, mostrando nuestro amor a través de las acciones desinteresadas que hacemos unos por otros. Nuestra meta no es simplemente llevarnos bien, sino amarnos así como Cristo nos amó y estar muy unidos, como lo están el Padre y el Hijo.

Hacedores de discípulos equipados. Queremos que todos estén capacitados para hacer discípulos. Nadie debe venir con actitud consumista, deben llegar con una conducta de servidores dispuestos a usar sus talentos para edificar el cuerpo.

Misioneros llenos del Espíritu. Queremos ser personas con un carácter sobrenatural, que compartan periódicamente el evangelio con sus vecinos y sus compañeros de trabajo. Algunos viajarán a países lejanos, donde no han escuchado de Cristo; mientras que otros apoyarán a los que son enviados.

Extranjeros sufrientes. Queremos ser personas que ansían el regreso de Cristo. Estamos dispuestos, y queremos sufrir, pues creemos en la recompensa celestial. No andamos en busca de comodidades, prosperamos en las dificultades, renunciamos a ser ciudadanos de esta tierra.

Esto es lo que buscamos como iglesia. No queremos quedar atrapados en nada que nos pueda distraer. Por esa razón, tenemos unas pocas actividades diarias y semanales. Como lo mencioné anteriormente, la estructura es importante. Es fácil presentar nuestros valores pero, a menos que establezcamos actividades semanales y dejemos todo lo que nos distrae, nunca llegaremos a ser la iglesia que anhelamos.

A continuación, veamos algunas de las actividades que nos han ayudado a alcanzar nuestros valores.

Lectura bíblica diaria. Queremos que las personas se apasionen por Jesús. Creemos que la manera más objetiva para lograr esto es pasar tiempo a solas con Dios y leer a diario las Escrituras. Nuestros miembros siguen el mismo plan de lectura, lo cual nos permite intercambiar lo que aprendemos en las Escrituras de manera diaria.[2]

Reuniones en los hogares. Hay más de cincuenta mandamientos que mencionan la frase «unos a otros», los cuales nos estimulan a cuidarnos de manera sobrenatural. Dios desea que tengamos relaciones significativas cuando nos reunimos. Por esta razón, mantenemos pequeñas nuestras iglesias (de diez a veinte personas). Reunirse en la casa crea una atmósfera familiar. De este modo, todos se conocen y usan sus dones para beneficiarse mutuamente.

Multiplicación de líderes. En Lucas 10:2, Jesús les dijo a sus discípulos que oraran para que Dios enviara más obreros al mundo. Por ese motivo, oramos y constantemente capacitamos a nuevos pastores y ancianos. Cada iglesia tiene dos pastores, los que a su vez entrenan a futuros pastores para el siguiente establecimiento de iglesias. Los pastores son los padres espirituales de nuestra congregación y tienen la responsabilidad al igual que la autoridad.

La autoridad de los ancianos. Algunos hemos tenido experiencias con las iglesias en las casas, en las que el líder se rebela contra la autoridad y hace lo que mejor le parece. Eso no es saludable. El tamaño de la iglesia no está relacionado con este punto. Dios diseñó a su iglesia para funcionar bajo un liderazgo y una autoridad humilde, todo orientado al servicio y ejercido por los ancianos (1 Pedro 5:1-4). En este tiempo, cuando todos critican la autoridad, Dios nos llama a mostrarle al mundo algo diferente: personas que les encanta tener un Rey y que con gusto siguen a sus líderes piadosos.

Discipulado para todos. Es responsabilidad de la iglesia que todos sus miembros maduren (Efesios 4:11-16). Jesús nos puso un maravilloso ejemplo en la forma en que vivió con sus discípulos. Sabemos que cada miembro está siendo guiado por otro creyente con más madurez, guiándolo también a la madurez y a la santidad.

Todos discipulan. Jesús primero resucitó de los muertos y luego mandó a sus seguidores a hacer discípulos (Mateo 28:16-20). Los envió a compartir las buenas nuevas con todos aquellos que no las conocían, enseñándoles a obedecer sus mandamientos. Queremos que todos nuestros miembros compartan el evangelio con los que no creen y que les enseñen también a hacer discípulos.

Todos ejercitan sus dones. Pablo dijo: «A cada uno se le da una manifestación especial del Espíritu para el bien de los demás» (1 Corintios 12:7). Luego, prosiguió a dar una lista de varios dones enfatizando la importancia de cada miembro. Nosotros creamos un espacio para que todos contribuyan, tanto en las reuniones como en la vida diaria.

Es nuestro objetivo que todos participen y que cada miembro bendiga a los demás con sus dones.

Multiplicación de iglesias de manera regular. Debemos permanecer enfocados en alcanzar a todos para Cristo (Hechos 1:8). Es muy fácil, para las iglesias en casa, ser egoístas en vez de misioneras ya que, por naturaleza, buscamos la comodidad. El objetivo de nuestras iglesias es multiplicarse anualmente para así mantener una presión saludable en la multiplicación de líderes y personas evangelizadas. Seamos sinceros: sin objetivos no se logra nada.

Reuniones sencillas. En la iglesia primitiva «se dedicaban continuamente a las enseñanzas de los apóstoles, a la comunión, al partimiento del pan y a la oración» (Hechos 2:42 LBLA). Nosotros deseamos lo mismo. Queremos que los creyentes se conmuevan al partir el pan y que se maravillen con el misterio de su cuerpo. Queremos que la gente se entusiasme al acudir en oración ante un Dios santo. De manera que nos esforzamos mucho para no añadir elementos a nuestras reuniones que puedan distraernos de nuestro objetivo.

Posesiones en común. «Todos los creyentes estaban juntos y tenían todo en común: vendían sus propiedades y posesiones, y compartían sus bienes entre sí según la necesidad de cada uno» (Hechos 2:44-45). La iglesia primitiva era conocida porque sus miembros se preocupaban entre sí; se enfocaban en la eternidad y les restaban importancia a las posesiones terrenales. Nosotros, gozosamente, compartimos nuestros bienes en la comunidad local y global, según sea la necesidad (2 Corintios 8:1-15).

Las misiones. Dios desea ser adorado por todas las naciones y en todas las lenguas (Apocalipsis 7:9-10).

Todavía hay millones de personas que nunca han escuchado el evangelio.[3] Por esta razón, les pedimos a todos que consideren ir a los grupos marginados. En vez de suponer que te quedarás donde estás hasta que escuches la voz de Dios, me parece más bíblico que vayas, a menos que Dios te haya pedido que te quedes.

No creo que hayamos encontrado *la* solución para la iglesia del futuro; encontramos *una* solución. Sin embargo, los cambios que hemos hecho se han sentido más como la iglesia del Nuevo Testamento que cualquier cosa que haya encontrado en los Estados Unidos. Insisto, no estoy tratando de imponer el modelo con el que estamos trabajando, pero sí creo que todos nos beneficiaríamos al tener una forma de pensar innovadora que nos lleve de nuevo a los fundamentos. Olvídate de «lo que siempre hemos hecho» y pregúntale a Dios qué reflejo de la iglesia quiere él ver en nuestro contorno.

¿POR QUÉ PEQUEÑOS?

Creo que Dios está dirigiendo un movimiento, por lo menos en este país, hacia reuniones más pequeñas y sencillas; y anhelo verlo avanzar. Me emociona soñar con el crecimiento de la grey por medio de pequeñas y poderosas expresiones que reflejen la naturaleza de la iglesia primitiva. Mi meta es inspirarte a que sueñes lo mismo.

Hace poco, el presidente de una agencia de misiones muy conocida, compartía su preocupación en cuanto al estado actual de las misiones. Su inquietud es que practicamos métodos obsoletos para alcanzar a grupos marginados que evolucionaron con el tiempo. ¿Por qué seguimos capacitando y entrenando misioneros para que construyan iglesias cuando la mayoría de las personas, que no son salvas, viven en países donde no hay libertad de expresión religiosa? El director de misiones hablaba de la necesidad tan urgente que hay de que los cristianos tengan influencia en los países cerrados al evangelio. La única forma de que eso suceda es ensanchando nuestra experiencia con la iglesia. Nuestros parámetros para la iglesia deben volver a lo que dice la Biblia, en vez de apegarnos a lo que es normal en la cultura actual. Si seguimos promoviendo un modelo en que las personas abarrotan un edificio y se congregan atraídos por el predicador, ¿cómo pretendemos entonces, alcanzar los millones de personas que viven en lugares donde este modelo eclesial es prohibido?

Si para alcanzar a un país, nuestros misioneros deben rechazar todo lo que les hemos enseñado acerca de la iglesia ¿estamos seguros de que estamos haciendo lo mejor? Ya sea que creas o no que las reuniones pequeñas son el mejor método para plantar iglesias en los Estados Unidos, es un hecho que casi todos concuerdan en que esta es la única manera de plantar iglesias en muchos países. Pero ¿cómo esperas enviar personas exitosas a plantar iglesias, si su única experiencia es con el modelo tradicional de iglesia?

UN CASO DE *IGLESIABNB*

Un líder con el que hablé, usó como ilustración la cadena de hoteles Hyatt. En el año 2015, Hyatt contaba con 97.000 empleados.[4] En contraste, la empresa *Airbnb* tenía 2.300 empleados.[5] Con todo y eso, ¡*Airbnb* tenía muchas más habitaciones disponibles que Hyatt! De hecho, tres años después, tenían más habitaciones disponibles que las cinco cadenas de hoteles más grandes.[6] ¿Cómo lo hicieron? Pusieron la industria hotelera en manos de personas comunes. No todos tienen la capacidad de conseguir decenas de millones de dólares para comprar un terreno y construir un hotel de lujo; pero todo el que tenga un teléfono inteligente, puede alquilar una habitación en su propia casa. ¡Esta empresa creció rápidamente a cuatro millones de cuartos disponibles, sin haber tenido que construir una sola habitación!

La iglesia necesita aprender de este modelo. Cuando te encuentras atrapado en una estructura o modelo antiguo, cualquier alternativa parece burlesca. Sin embargo, la historia está llena de modelos, compañías e invenciones que se volvieron obsoletos de la noche a la mañana porque alguien más ideó hacer las cosas de una forma revolucionaria. Los nuevos métodos siempre parecen más sencillos y más eficientes, con menos barreras para implementarlos.

Así que, ¿cómo sería una revolución en la estructura de la iglesia? ¿Cuáles son las ineficiencias y los aditamentos innecesarios que nos han cegado e imposibilitado? ¿Qué pasaría si ponemos la iglesia de vuelta a las manos de cristianos ordinarios? ¿Podríamos ver un crecimiento insuperable a una fracción del costo? ¿Será posible la *iglesiabnb*?

Yo sí creo que es posible, pues ha estado pasando en países lejanos y, dentro de los Estados Unidos, se ha ido incrementando. En San Francisco, lo hemos estado experimentando con iglesias que son dirigidas por cristianos que tienen empleos de tiempo completo. Son profesionales en sus áreas de trabajo que a la vez pastorean iglesias pequeñas en sus hogares. Estos líderes, ahora pueden ser trasplantados a cualquier parte del mundo, sin tener la necesidad de recaudar fondos para su mantenimiento pues saben trabajar y liderar al mismo tiempo. Saben cómo trabajar de manera excelente, a la vez que encuentran en su área laboral un ambiente natural donde entablar amistades con aquellos que no conocen a Jesús. Esto es una buena posibilidad para cualquier ciudad de Estados Unidos y en cualquier ciudad del mundo. No solamente hemos visto que es posible la *iglesiabnb*, sino que también provee una solución práctica a muchos problemas que enfrenta el modelo de iglesia tradicional.

LA CAPACIDAD DE CRECIMIENTO Y LA LIBERTAD PARA MENGUAR

Los edificios pueden limitar el crecimiento de la iglesia. Si Dios desea moverse de manera poderosa y salvar a miles, no habrá cupo para ellos. Los edificios también limitan la habilidad de la iglesia para menguar. Si Dios decide podar la iglesia, ya no podremos cubrir los gastos. Si el modelo de nuestra iglesia solamente permite que Dios obre en cierto espacio muy estrecho, algo anda mal. No se imaginan la libertad que se disfruta al no tener que preocuparse por sueldos o el riesgo de liderar una iglesia grande. (Tratamos de dividir la iglesia tan pronto llegamos a veinte personas).

Recuerdo cuando Cornerstone se mudó de un santuario con capacidad para doscientas personas a uno para cuatrocientas personas. Fue un tiempo emocionante. Nos acomodábamos perfectamente en dos servicios, pero eso duró unos meses. Luego añadimos un tercer servicio, después un cuarto y un quinto, y un sexto y después tuvimos trasmisión satelital. En menos de un año estábamos buscando más terreno o una manera de ampliar nuestras instalaciones.

Después de años de trabajar con el gobierno municipal y recaudar fondos para construir un santuario con capacidad para mil personas, nos mudamos. Fue un tiempo emotivo. Cabíamos cómodamente en dos servicios, pero eso duró unos meses. Luego, añadimos un tercer servicio, luego un cuarto servicio y un quinto...

¿Te luce familiar?

Cada vez que pasábamos por eso, pensaba: *¡Jesús nunca lo hubiera hecho de esta forma!* ¿Hubiera él detenido el crecimiento del reino hasta poder encontrar otro terreno, mitigar a las autoridades municipales, recaudar fondos y construir un nuevo edificio? Para mí jamás tuvo sentido, pero en ese tiempo no podía pensar en otras opciones.

Al fin decidimos comprar un terreno enorme y comenzamos a planear un auditorio con capacidad para tres mil personas. Entonces me vino a la mente otro problema. ¿Qué sucede si gastamos una fortuna para construir un santuario monumental y no llegan los miles de personas? ¿Cómo podremos cubrir los gastos? ¿Me sentiré presionado a mantener lleno el auditorio para contar con un buen presupuesto? Luego mi ego se añadió a la ecuación; no me gusta ver asientos vacíos. ¿Me obligará eso a evitar temas controversiales y volverme más político? Pablo le dijo a Timoteo: «Porque llegará el tiempo en que no van a tolerar la sana doctrina, sino que, llevados de sus propios deseos, se rodearán de maestros que les digan las novelerías que quieren oír» (2 Timoteo 4:3). ¿Qué iba a hacer si las personas comenzaban a irse por enseñar la sana doctrina? Habríamos gastado millones de dólares en la construcción de un santuario medio vacío, nos atrasaríamos en los pagos ya que no contaríamos con suficientes donantes satisfechos y, finalmente, ¡lo perderíamos todo!

La alternativa es peor: podría predicar de manera más política para así atraer y retener a las masas. No quiero parecer dramático pero, prefiero morir. En verdad, he orado que Dios me quite de esta tierra antes que traiga deshonra a su nombre, incluido predicar para complacer a las multitudes más que agradar a Dios mismo.

Esto resultaba difícil en Simi Valley; ahora, imagina en las grandes ciudades de nuestro país. ¿Alguna vez has tratado de adquirir un edificio de gran tamaño en una ciudad grande? Averigua el precio de uno con capacidad para mil personas en la ciudad de Nueva York; aunque pudieras recaudar todo el dinero para comprarlo, Nueva York tiene 8.537.673 de habitantes.[7] ¿Cuál es tu plan para las otras 8.536.673 personas? Supongamos que el Señor desea salvar al diez por ciento de los habitantes de la ciudad; aun si tuvieras miles de millones de dólares para gastar, ¿hay espacio para construir edificios con esa capacidad? ¡Por supuesto que no!

Sin embargo, todos tienen una casa. Si es posible que una iglesia quepa en una casa, entonces tenemos un número infinito de iglesias potenciales, no importa dónde nos encontremos. Tener iglesias pequeñas es nuestra mejor manera para crecer.

Si no consideramos la posibilidad de multiplicar iglesias pequeñas, entonces, hemos renunciado a las grandes ciudades. Debemos, al menos, probar. Nuestro plan actual dicta que no esperamos que Dios alcance a más del uno por ciento de la población en las grandes ciudades. Debemos ser receptivos a nuevas formas de hacer las cosas. O podemos seguir promocionando un par de «megaiglesias» en las portadas de nuestras revistas cristianas y pretender que de esa forma estamos marcando una diferencia en nuestra cultura.

Todos sabemos que nuestro mundo está cambiando. Si construimos nuestro modelo actual de iglesia en una sociedad que ha cambiado significativamente, ¿por qué creemos que debemos hacer lo mismo de siempre? Insistir en nuestros modelos actuales, negándonos a ver la realidad, es lo mismo que tratar de comercializar videocasetes en la era digital. Mi intención no es diluir la verdad ni cambiar el evangelio, simplemente estoy pidiendo que reconsideremos el vehículo que utilizamos para predicar el evangelio y la verdad. Tampoco estoy diciendo que debemos modernizarnos con los tiempos, sino que estoy haciendo un llamado para que volvamos a la Escritura y recuperemos lo que hemos perdido. Si sabemos que nos hemos desviado y andamos perdidos, ¿por qué no regresar y tomar el camino correcto?

$$$$$$$$$$

Una de las grandes ventajas de este método es que no se necesita tener un presupuesto. Puede ser completamente gratis. Las ofrendas se pueden destinar, en su totalidad, a las personas en situación de pobreza o a las misiones.

He visto, en encuestas que he estudiado, que en Estados Unidos a la iglesia le cuesta en promedio, mil dólares al año cada asistente.[8] Eso, si divides el presupuesto anual de la iglesia (supongamos que sea de $100.000 dólares), entre el número de miembros (digamos que son 100 personas), el resultado es $1.000 dólares por persona. Dependiendo de la ubicación, ese número puede disminuir o aumentar. Recientemente, traté de ayudar a una iglesia en la que el costo por miembro es de casi $3.000 dólares. ¡Saca las cuentas si llevara a mi familia de nueve miembros!

Reconozco que crecí pobre, por lo que tengo el hábito de buscar hacer las cosas al menor costo posible siempre. Sé que, a veces, me voy al extremo, pero aun a la persona menos ahorradora se le hará difícil comprender que, en China, la iglesia a la cual asisten cien millones de personas, es gratis, mientras que en nuestro sistema, a la iglesia le cuesta $1.000 dólares cada miembro.

Esto no se trata solamente de despilfarro de dinero, sino de sostenibilidad. Con cada recesión económica, más iglesias se cierran de manera definitiva. Con un simple cambio en el sistema de impuestos de los Estados Unidos, desaparecerían muchas iglesias. No es sabio defender una sola estructura que requiere de una economía robusta o de ciertos incentivos. Si una pérdida de riqueza globalizada puede eliminar, de la noche a la mañana, nuestras iglesias, ¿cómo afecta eso a nuestro modelo?

No olvidemos que mientras lees esto, están sucediendo situaciones desgarradoras alrededor del mundo. Hay familias buscando desesperadamente agua potable para poder sobrevivir, gente muriendo de hambre, niños esclavizados o siendo violados. Todas esas son tragedias que la iglesia pudiera disminuir significativamente si estuviéramos dispuestos a adorar con más sencillez. La consideración económica es algo muy importante. La meta no es ahorrar dinero para guardarlo, sino para salvar vidas, literalmente.

SIN LUGAR DONDE ESCONDERSE

Otra gran ventaja de las reuniones pequeñas es que motivan a las personas, que se perderían en el fondo de una iglesia más grande, a pasar al frente. Cuando la gente ve que no hay profesionales, es más probable que den un paso al frente y utilicen los dones que tienen. Esto motiva un mayor nivel de inversión y contribución de los participantes a la iglesia, ya que no existe personal pagado proveyendo para sus necesidades.

Además, en una reunión de miles de personas, es imposible que todos los congregantes se conozcan de manera íntima y sería vano intentarlo. Un ambiente más pequeño otorga una mayor intimidad. También facilita que todos sean discipulados, que todos rindan cuentas, que oren unos por los otros —por nombre y apellido— y que vivan como familia durante la semana.

Lo que representaría un auténtico dolor de cabeza intentar en un modelo tradicional, se da de manera natural en este tipo de ambiente.

¿SERÁ HORA DE UN CAMBIO?

Desde sus inicios, la iglesia ha necesitado ser podada. Siempre hemos tenido necesidad de reformadores y reformas que se levanten con voces proféticas. La historia de la Iglesia está llena de todo tipo de reformas, las cuales han acercado al pueblo a conocer las intenciones de Dios para su cuerpo. Después que el cristianismo se convirtió en la religión oficial de Roma con el emperador Constantino (300 A. C.), la iglesia se convirtió en un lugar de privilegio y prestigio. La gente compraba su lugar en el liderazgo de la iglesia, ya que era la forma de ganar poder en la sociedad. Entonces Dios levantó a un grupo de monjes que buscaban a Dios de una manera sencilla y apasionada, y exponían la maldad y la avaricia de la clerecía.

En el siglo dieciséis, cuando la Iglesia Católica se desvió de tal forma que vendía el perdón de los pecados y aseguraba que era necesario el esfuerzo humano para ganar la salvación, Dios levantó a Martín Lutero, quien formó parte de un grupo de reformadores, entre los que estaban John Wycliffe y Jan Hus, usados por Dios para hacer volver al pueblo al entendimiento de la gracia. Cuando la Reforma se institucionalizó tanto, Dios levantó entonces a los anabaptistas para reformar a la iglesia ya reformada. A través de la historia, encontramos muchos movimientos reformadores: los Celtas, los Moravos, el avivamiento de la calle Azusa, el movimiento de Jesús. Prácticamente todas las denominaciones que tenemos hoy en día comenzaron con un movimiento reformador que tenía como propósito acercar a la iglesia al plan de Dios.

Una parte de mí, teme ser demasiado dramático al compararnos con los Moravos o con los reformadores. Pero, ¡ellos pudieron! ¿Por qué no nosotros? Creo que esta generación puede acabar con la mentalidad consumista que hay en la iglesia y, reemplazarla con una actitud de servidores que prosperan sufriendo por causa de su nombre. No hay razón para no unirnos a aquellos que fueron antes de nosotros y ser los que restauren el enfoque misionero de la iglesia. ¿Qué otra cosa preferirías hacer?

No debería ser algo fuera de lo ordinario, severo o inapropiado, pedirle a la iglesia que cambie. Tampoco debemos pensar que nuestra forma de iglesia es la única que Dios aprueba. Al contrario, deberíamos buscar constantemente la renovación y estar preparados para dejar de lado cualquier elemento que pueda alejarnos del corazón de Dios.

Tal vez debemos hacer iglesias como Airbnb —*iglesiabnb*— o tal vez no. Solo tú puedes contestar eso. Mi deseo es que consideres las diferentes formas de hacer vida de iglesia, no de la manera tradicional. Mi objetivo es que puedas soñar, no conformarte, y decirte que esa sensación que no te deja es Dios que desea para su iglesia algo más de lo que has experimentado.

A medida que caminamos por fe, aquí en San Francisco, vemos señales alentadoras de crecimiento. La gente rara vez habla del gran «sermón», a menudo se conversa sobre lo que descubrieron gracias a su lectura bíblica. La comunión por medio de la Palabra se ha vuelto muy común. Las personas pasan horas y hasta días a solas en la presencia de Cristo. Disfrutan estar cerca de él. Las reuniones de oración se prolongan más de lo planeado y rara vez la gente está ansiosa por irse. Las familias han abierto sus hogares, regalan sus autos, sus posesiones y su dinero por amor. Es normal ver profesionales entablando amistad con exconvictos. Personas que antes eran adictos viviendo en la calle, ahora son pastores fieles. Cuando nos reunimos, muchos vienen pidiendo oración por las personas a las que les hablaron del evangelio. Recientemente, vaciamos las cuentas de banco de la iglesia (hasta fotografiamos la imagen donde aparece la cuenta en cero). La intención es financiar el ministerio infantil en África, casi $300.000 dólares que ofrendaron personas que no tienen muchos recursos. Las personas sacrifican condiciones de vivienda más favorables para mudarse cerca de las zonas con más necesidad. Muchos están siendo calumniados y traicionados, sin embargo se gozan a pesar de ello. Actualmente, tenemos alrededor de cuarenta pastores que tienen empleos de tiempo completo, ellos son misioneros en sus propios trabajos y en sus tiempos libres, pastorean y capacitan. Tenemos muchos problemas, pero hay plenitud de vida.

Parece que estamos viendo, cada vez mejor, de lo que le agrada a Dios.

Esto me lleva al inicio de este libro. Nunca había estado tan enamorado de Jesús ni de la iglesia, como lo estoy ahora. La intimidad que he estado experimentando con Dios está directamente relacionada con mi conexión con la iglesia. Aún tenemos mucho camino por recorrer, pero puedo decir con toda franqueza, que mi experiencia con la iglesia ya no es tan drásticamente diferente de lo que leo en la Escritura. La intención de Dios no es que esto sea la excepción; simplemente es el diseño original de la iglesia.

Al viajar, he visto a la iglesia de Dios multiplicarse y prosperar de maneras que solamente imaginaba, pero ahora lo he estado experimentando de forma personal. Sin embargo, nunca lo hubiera vivido si hubiera sucumbido ante la inercia poderosa que me forzaba a doblegarme ante las expectativas de los demás.

¿ESTÁS SEGURO DE QUE FUNCIONARÁ?

Cuando converso con la gente sobre esto, siempre me preguntan: «¿Funcionará?». Ni siquiera sé a lo que se refieren con esa pregunta. Acaso querrán decir: «¿Vendrá la gente» o «¿Les gustará?» o concretamente «¿Crecerá tu iglesia?».

En realidad, estas no son las preguntas correctas que deberían hacer, porque Jesús nunca utilizó esos parámetros para medir el éxito.

Pablo le dijo a Timoteo que, enseñar la sana doctrina no iba a «funcionar»; de hecho, haría que la gente se apartara (2 Timoteo 4:1-5). Aun así, le ordenó que predicara la verdad, porque ¡eso es lo que Dios quiere!

Recuerda que no se trata de lo que yo quiera ni de lo que los demás quieran ni, incluso, de lo que «funcione». La iglesia es de Dios.

Habiendo dicho esto, creo que nos llevaríamos una sorpresa al ver que la gente es atraída a un grupo que se dedica a estar en presencia de Dios. Después de todo, eso fue suficiente para atraer a más de cien millones de personas a la iglesia clandestina en China. Puede ser que Dios esté esperando que un grupo de personas dejen de lado todo lo que piensan que funciona y se dediquen a lo que él ordenó.

«No obstante, cuando venga el Hijo del hombre, ¿encontrará fe en la tierra?».

Lucas 18:8

A DONDE EL ESPÍRITU GUÍE

Estoy seguro de que, a estas alturas, hay muchas preguntas sin respuesta. Puede que eso sea algo bueno. Eres más que bienvenido a visitar nuestro sitio web (wearechurch.com) y obtener más información, tal vez eso no sea lo más conveniente ya que es más fácil copiar a otros que buscar a Dios. Reitero, este capítulo no fue escrito a modo de receta que las iglesias deben seguir. Me pareció apropiado, después de escribir el libro, compartir algunas de las cosas que hemos estado haciendo en San Francisco. Puede que esto sea lo que Dios quiere que implementes en tu entorno, pero no lo descubrirás si no oras diligentemente.

Espero que te niegues a tomar el camino más fácil. La Iglesia de Cristo debe interesarte lo suficiente como para ayunar y orar. Necesitas creer que desempeñas un papel fundamental en la iglesia. Busca sabiduría y dirección de Dios, él te ha dado su Espíritu para que conozcas y obedezcas su voluntad. No hay sustitutos para un creyente que se concentra en la oración. Nuestro país necesita iglesias que no se puedan explicar con un simple plan estratégico. Y creo que en tu interior, anhelas que el Espíritu Santo se mueva a través de ti y haga mucho más de lo que puedas imaginar. Comienza a orar por eso desde ahora.

REFLEXIONES FINALES

Pronto verás a Dios y no hay forma de que pueda exagerar lo abrumado que estarás. El error más trágico que puedes cometer es subestimar lo vulnerable que te sentirás cuando veas su rostro. Y las decisiones más sabias que puedes tomar en esta vida serán aquellas que tomes con esto presente.

Toda mi vida he luchado con el deseo de que otros me respeten y, debido a ello, he tenido situaciones en las que me he acobardado por temor al rechazo. En esos momentos, quité mi mirada del futuro e hice lo que era más fácil. Me arrepiento profundamente de haberlo hecho.

La Biblia nos da numerosas historias acerca de hombres y mujeres de Dios que defendieron lo que era correcto, aunque eso significara padecer dolor y rechazo. A menudo oro para pedir la gracia de Dios, que me bendiga dándome el valor para poder seguir esos ejemplos. También he orado así por ti. De verdad que lo he hecho.

> *«Porque dentro de muy poco tiempo, el que ha de venir vendrá y no tardará. Mas mi justo vivirá por la fe; y si retrocede, mi alma no se complacerá en Él. Pero nosotros no somos de los que retroceden para perdición, sino de los que tienen fe para la preservación del alma».*
> Hebreos 10:37-39 LBLA

Jesús viene pronto. Conozco muy pocas personas que viven como si lo creyeran. Él dio la advertencia más fuerte jamás escrita. Se llama el libro de Apocalipsis. Nadie ha dado jamás una advertencia tan fuerte, porque nadie más es capaz de cumplir las amenazas que él prometió. Por amor, Jesús dio serias advertencias acerca del día del Señor, para la iglesia. Una y otra vez podemos ver que, su mensaje fue: arrepiéntanse o habrá consecuencias. Luego, ocupó el resto del libro en explicar cuáles serán esas «consecuencias». Lo hizo para que nadie ignorara sus mandamientos, pero aun así, lo hacemos. De alguna manera, nos hemos hecho inmunes a las advertencias del Dios todopoderoso.

Lo que más me asusta de sus cartas a las iglesias, es que algunas de esas iglesias lucen más saludables que muchas que he visitado en Estados Unidos. Si a ellas les advirtió tan severamente, me pregunto qué nos diría a nosotros, tomando en cuenta que a ellas les dijo:

«Arrepiéntete; si no...»

«Vendré a ti y quitaré tu candelabro de su lugar» (Apocalipsis 2:5).

«Vendré a ti pronto y pelearé contra ellos con la espada de mi boca» (v. 16).

«Los arrojaré en gran tribulación, si no se arrepienten de las obras de ella. Y a sus hijos mataré con pestilencia, y todas las iglesias sabrán que yo soy el que escudriña las mentes y los corazones, y os daré a cada uno según vuestras obras» (vv. 22-23).

«Vendré como ladrón, y no sabrás a qué hora vendré sobre ti» (3:3).

«Te vomitaré de mi boca» (v. 16).

Estas iglesias, a las que Jesús se dirigió, pudieran fácilmente confundirse con cualquier iglesia de tu ciudad hoy. Incluso, algunas hasta podrían ser destacadas como ejemplares en cuanto al crecimiento. Es por eso que no podemos darnos el lujo de seguir ciegamente, o copiar, a aquellas que son «exitosas». Debes someterte al liderazgo de personas verdaderamente piadosas o, de lo contrario, convertirte tú en líder. Tampoco sigas a ciegas las cosas que he escrito, estudia las Escrituras. Fraterniza con la Biblia y con el Espíritu Santo. Búscalo con todo tu corazón y rinde todo a sus pies, porque no podrás tomar lo que él te da si sigues aferrándote a las cosas, incluso a la familia.

Sirve a su Novia. Jesús viene pronto. No podemos ocuparnos en nuestros propios asuntos mientras que su Novia yace enferma. Todos queremos ser hallados atendiéndola, quebrantados por la condición en la que se encuentra, dispuestos a sacrificar lo que sea por su bienestar.

Padre, gracias por elegirnos para ser parte de algo tan sagrado. Perdónanos por las ocasiones en las que nuestra pereza hizo que la iglesia se debilitara y que nuestro orgullo hizo que se dividiera. Danos fe como la de un niño, para poder ser de influencia en la iglesia por medio del poder del Espíritu Santo.

Que tu Esposa sea atractiva, consagrada y poderosa, más allá de toda explicación terrenal.

Que todos nosotros se consuma con ella, para tu gloria. Mantén nuestras mentes enfocadas en la batalla, que seamos valientes y humildes. Despierta a diario nuestro amor, para que podamos ser hallados sirviendo fielmente a tu Novia cuando regreses a juzgar al mundo. Amén.

CÓMO SOBREVIVIR A LA ARROGANCIA

Todo el tiempo que estuve escribiendo este libro lo pasé luchando porque sabía que en las manos equivocadas, podría dañar a la Iglesia en lugar de ayudarla. Es difícil hablar directamente sobre los problemas de la iglesia puesto que hay personas que van directo a la crítica. En vez de usar este libro para una buena autoevaluación, lo usarán como munición contra otros. El orgullo corre desenfrenado en la iglesia y el conocimiento tiene cierta manera de aumentarlo (1 Corintios 8:1). Incluso ahora, puedo imaginarme a los arrogantes visitando la oficina de sus pastores para confrontarlos por todas las deficiencias que ven en su iglesia. «¡Lea este libro de Francis Chan! Él también opina lo mismo que yo, nuestra iglesia necesita cambiar!». Esta actitud es lo último que necesita la iglesia.

Muchos de ustedes se emocionan y se apasionan mucho por ver una reforma. Desean ver a la iglesia floreciente. Anhelan que Dios los use para promover el cambio. Pero a algunos no los usará. Fracasarán de forma miserable sencillamente por la falta de humildad. Él promete resistir todos tus esfuerzos (Santiago 4:6). En lugar de ser usados por Dios para edificar la iglesia, el enemigo los usará para destruirla.

> *«Dios se opone a los orgullosos, pero*
> *da gracia a los humildes».*
>
> Santiago 4:6

Siendo estas las últimas páginas de este libro, sentí la necesidad de dirigirme a los arrogantes, con la esperanza de evitarle a la iglesia una división futura. Pero, al comenzar a escribir, me di cuenta de que, rara vez funciona. ¿Alguna vez has tratado de convencer a una persona orgullosa de su orgullo? Algunas personas de las que leen esto son extremadamente orgullosas, sin embargo, no se dan cuenta de ello porque el orgullo los tiene ciegos. Leíste este párrafo y sacudiste la cabeza, como si estuviera hablando de alguien más. Sentí que era algo inútil, así que decidí cambiar de estrategia. En vez de tratar de convencer al orgulloso, decidí escribir unas palabras de aliento para aquellos que viven soportando a los orgullosos. Me supongo que se podría llamar guía para el líder que ama al arrogante.

He tenido ocasiones en las que me he enojado y desanimado mucho debido a las críticas. Pero la iglesia no se beneficia de ninguna de esas cosas. Cada semana, conozco pastores que están listos para renunciar debido al peso de las críticas. La iglesia no puede darse el lujo de seguir perdiendo más servidores. Si alguna vez te has sentido así, te escribo para animarte con el fin de que, no solo perseveres, sino que te levantes con más fuerza al ministrar a los orgullosos. Algunos, incluso, han dejado el liderazgo, y espero poder convencerlos de que regresen. Otros, han huido de su llamado pues se rehúsan a enfrentar los ataques. Es mucho más fácil esconderse en el sótano a escribir un *blog* o un *podcast* para criticar a los demás, pero quiero desafiarte a que edifiques. Es mucho más sencillo derribar un edificio que construirlo. Es extenuante, pero la iglesia lo vale. La iglesia no tiene suficientes líderes que estén dispuestos a recibir todas las críticas y la culpa. Si nos humillamos y aprendemos a absorber todas las quejas con gentileza, entonces, los mejores días están por llegar.

Dios quiere que la iglesia sea una institución que ame la autoridad. Él desea que seamos diferentes; un grupo de personas que quieren tener un rey y que están agradecidos por todos sus mandamientos. Él desea que consideremos a los líderes de la iglesia como regalos para la misma, ya que él así los considera.

«Él mismo constituyó a unos, apóstoles; a otros, profetas; a otros, evangelistas; y a otros, pastores y maestros, a fin de capacitar al pueblo de Dios para la obra de servicio, para edificar el cuerpo de Cristo».

Efesios 4:11-12

Dios «proveyó» esos líderes a la iglesia para llevarla a la madurez. ¿Cuándo fue la última vez que oíste a alguien referirse a los líderes como regalos?

Hace poco escuché a alguien en la iglesia decir: «Me encanta estar bajo el liderazgo de los ancianos». ¡Fue tan raro escuchar eso! ¿Alguien agradecido por la autoridad? Me encantó escucharlo, sin embargo, les confieso que fue extraño. En nuestro mundo, rara vez escuchamos palabras de estímulo hacia la autoridad, pero eso mismo nos da la oportunidad de sobresalir al hacerlo.

Después de todo, seguimos a un rey que es muy diferente a cualquier otro en la historia. Es un rey que se somete voluntariamente a su Padre. De hecho, Jesús dijo que, únicamente diría y haría lo que el Padre le dijera.

«Entonces Jesús afirmó: Ciertamente les aseguro que el Hijo no puede hacer nada por su propia cuenta, sino solamente lo que ve que su Padre hace, porque cualquier cosa que hace el Padre, la hace también el Hijo».

Juan 5:19

«Yo no he hablado por mi propia cuenta; el Padre que me envió me ordenó qué decir y cómo decirlo. 50 Y sé muy bien que su mandato es vida eterna. Así que todo lo que digo es lo que el Padre me ha ordenado decir».

Juan 12:49-50

En nuestra cultura, este tipo de sumisión, a menudo es considerada como débil y degradante, pero aun así es el ejemplo de Jesús todopoderoso. Él se sometió al liderazgo. Jesús solamente tenía alabanzas para su Padre. Sí, es inusual, pero este es nuestro ejemplo a seguir. Él fue un líder humilde y un seguidor humilde; mas no hubo debilidad alguna en su humildad. La iglesia sería tan atractiva si, en todos nosotros, pudiera verse la humildad de Cristo.

Al compartir los siguientes principios, de ninguna manera digo que ya los haya dominado; todavía tiendo a enojarme y a sentirme frustrado. Pero estos son los principios bíblicos que restauran mi mente, han contribuido al crecimiento de mi carácter y espero que sean también de utilidad en tu vida. Sí, existe un modo de ministrar en humildad y gracia a las personas negativas; esto no asegurará el crecimiento en sus vidas, pero sí en la tuya.

CONSIDÉRALO COMO UN GOZO

«Hermanos míos, considérense muy dichosos cuando tengan que enfrentarse con diversas pruebas, pues ya saben que la prueba de su fe produce constancia. Y la constancia debe llevar a feliz término la obra, para que sean perfectos e íntegros, sin que les falte nada».

Santiago 1:2-4

No puedes madurar completamente sin enfrentar los ataques. Sé que no es bueno que esos ataques provengan de la misma iglesia. Sin embargo, Dios usa esas situaciones para santificarnos. Todos necesitamos un Judas para poder parecernos a Jesús. Cuando todos los que te rodean te aman, es casi imposible desarrollar el carácter que Dios desea que tengan sus hijos. La gente razonable no ayuda a tu crecimiento de la misma manera que lo hace la que es arrogante. No mostramos el amor cristiano cuando amamos a los que nos aman; sino cuando amamos a los que nos ultrajan, es ahí cuando comprobamos el amor de Cristo (Mateo 5:44). Alégrate en la santificación. Acepta el desafío a crecer al punto de vivir agradecido por las personas difíciles.

ESCUCHA CON HUMILDAD

Solo porque se diga algo con la actitud equivocada, no significa que se trate de información incorrecta. Un error que con frecuencia he cometido es responder con orgullo al orgullo. En ocasiones he tenido que morderme la lengua para permanecer en calma porque, escucharlos hablar para discernir la verdad en lo que dicen, demanda otro nivel de humildad que ya no tenía.

La historia de David siempre me impresiona y entretiene:

«Abisay hijo de Sarvia le dijo al rey: ¿Cómo se atreve este perro muerto a maldecir a Su Majestad? ¡Déjeme que vaya y le corte la cabeza! Pero el rey respondió: Esto no es asunto mío ni de ustedes, hijos de Sarvia. A lo mejor el Señor le ha ordenado que me maldiga. Y, si es así, ¿quién se lo puede reclamar? Dirigiéndose a Abisay y a todos sus oficiales, David añadió: Si el hijo de mis entrañas intenta quitarme la vida, ¡qué no puedo esperar de este benjaminita! Déjenlo que me maldiga, pues el Señor se lo ha mandado. A lo mejor el Señor toma en cuenta mi aflicción y me paga con

bendiciones las maldiciones que estoy recibiendo.
David y sus hombres reanudaron el viaje. Simí, por su
parte, los seguía por la ladera del monte, maldiciendo
a David, tirándole piedras y levantando polvo».

2 Samuel 16:9-13

Imagina al Rey David marchando con su ejército, cuando un bufón se acerca, arrojándole piedras y maldiciéndolo. Cuando uno de los soldados le pregunta a David si le puede cortar la cabeza a aquel hombre, David le contesta que lo deje en paz. ¿Su lógica? David estaba abierto a la posibilidad de que ese hombre ¡fuera un enviado de Dios! Así que, soportó de manera paciente sus maldiciones, en caso de que en verdad se tratara de un mensaje de parte de Dios.

Para ser franco, casi nunca escucho a las personas orgullosas. Normalmente me pongo a la defensiva, de lo contrario opto por el sarcasmo. Sin embargo, se han presentado ocasiones en las que he agradecido la crítica irracional, porque esta me ha mostrado mi pecado. Es impresionante lo rápido que la humildad puede disipar una situación tensa. Eso no significa que debemos consentir las criticas motivadas por el odio. Pero, como líderes, es necesario dar el ejemplo de humildad y evitar caer en la trampa de la hipocresía, ya que eso solamente empeorará la situación.

PERDÓNALOS, PUES NO SABEN LO QUE HACEN

En Romanos 11, Dios advirtió a los gentiles que no se enorgullecieran porque ellos comprendían quién era Dios de una manera que muchos judíos no podían. Pablo les recordó que, por la gracia de Dios, sus ojos habían sido abiertos. Mientras que él mismo decía que a unos judíos «Dios les dio un espíritu de estupor, ojos con que no ven y oídos con que no oyen, hasta el día de hoy» (v. 8 LBLA). El punto aquí es que el conocimiento espiritual es dado por Dios, de tal forma que no tiene sentido jactarse.

Piénsalo de esta forma: si le compro un Ferrari nuevo a mi hijo (lo cual nunca pasará), sería absurdo que él se atreviera a criticar a sus amigos que van al colegio en bicicleta. Mi hijo debería tener la sabiduría suficiente para saber que es un niño consentido, y que no hizo absolutamente nada para ganarse ese auto, y que ese fue un regalo; por lo que no tiene nada de qué jactarse. De la misma manera, si tienes solo un gramo de humildad en ti, es únicamente por la gracia de Dios; él te bendijo con eso. Si creemos esto, entonces es insensato enojarnos con los demás porque no han recibido la misma gracia que nosotros. Agradece a Dios por la sabiduría, el entendimiento y la humildad que le ha placido darte. Perdona rápidamente a los que te han herido y ora para que Dios —por su gracia— les abra los ojos.

CELEBRA CON LA GENTE ORGULLOSA

«Así que, los que somos fuertes debemos soportar
las flaquezas de los débiles, y no agradarnos a
nosotros mismos. Cada uno de nosotros agrade a
su prójimo en lo que es bueno, para edificación.
Porque ni aun Cristo se agradó a sí mismo;

*antes bien, como está escrito: Los vituperios de
los que te vituperaban, cayeron sobre mí».*

Romanos 15:1-3 RVR1960

Pasé muchos años de mi vida desechando gente. En mi inmadurez, no sabía cómo amar a aquellos que me irritaban; así que, era más fácil evitarlos. Encontré formas de justificar mis acciones pero, a final de cuentas, eso desagradaba a Dios. Él demanda que «soportemos las flaquezas de los débiles» (v. 1). Él dice que esa es nuestra obligación. Todos tendemos a evitar a la gente arrogante porque *nos* irritan; pero la respuesta de Dios es que no debemos pensar en nosotros. Él nos instruye a «no agradarnos a nosotros mismos» (v. 1). Tal vez hay personas que han herido nuestros sentimientos, pero debemos valorar más la iglesia de Dios que nuestros sentimientos. Corremos el riesgo de causar un gran daño a la iglesia si intentamos hacer valer nuestros sentimientos más que honrar a la Novia.

Estoy seguro de que tienes personas cercanas que te gustaría que desaparecieran. Tal vez has tenido que orar y pedirle a Dios que retire ciertos individuos de la iglesia. Vivir con personas orgullosas es difícil, pero evitarlas no es una opción. Nuestra obligación es amarlos y sufrir el «reproche», así como Cristo lo hizo por nosotros.

*«Por eso el SEÑOR los espera, para tenerles piedad;
por eso se levanta para mostrarles compasión».*

Isaías 30:18

A pesar de que los israelitas fallaban repetidamente, se rebelaban y despreciaban la bondad de Dios, él los amaba lo suficiente como para *esperar* y tener piedad de ellos. A diferencia de nosotros, Dios es un rey perfectamente santo, que nunca comete errores. ¿Cuánto más debemos nosotros, como humanos, soportar y mostrar compasión ante las flaquezas de los demás?

NO TOLERES LA DESUNIÓN

Somos llamados a amar a los orgullosos, pero hay que poner límites. Una vez que comienzan a murmurar o hablar negativamente del liderazgo, o de los miembros de la iglesia, las reglas cambian.

> *«Al que cause divisiones, amonéstalo dos veces, y después evítalo. Puedes estar seguro de que tal individuo se condena a sí mismo por ser un perverso pecador».*
>
> Tito 3:10-11

Rara vez veo que las iglesias toman con seriedad este mandamiento. La iglesia sería mucho más saludable si se hiciera eso. La gente orgullosa es propensa a murmurar y es entonces cuando cruzan el límite puesto por Dios mismo. Es impresionante la rapidez con la que una persona conflictiva divide una iglesia, y muchas de ellas han sido destruidas porque sus líderes no han sido capaces de confrontar y sacar a la gente belicosa. La Escritura claramente declara que, después de un par de advertencias, los «desechemos»

(v. 10). No es que los estemos condenando, porque el pasaje manifiesta que «se condenan a sí mismos», lo cual quiere decir que ellos mismos lo hacen. Si nos negamos a sacar a tales personas, seremos hallados culpables de desobedecer la Escritura.

Muchos consideran aborrecible que se saque a alguien de la iglesia y, en nombre de la compasión, se rehúsan a obedecer la Escritura (Mateo 18:15-20; 1 Corintios 5; Tito 3:10-11). Por favor, no te engañes. Eso no es compasión; es rebelión. Al permitir que las personas conflictivas se queden en la iglesia, no solamente dejamos de tratarla como sagrada sino que además permitimos que un ser humano divida la santa iglesia de Dios. Dios aborrece eso.

En páginas previas, escribí acerca de la ocasión en que David honró a Saúl debido a su posición. Pero, ¿te has fijado en las acciones de Absalón, el hijo de David? Lee, en el libro de 2 Samuel capítulo 15. El espíritu y la actitud de Absalón prevalecen hoy en la iglesia.

> *«Se levantaba temprano y se ponía a la vera del camino, junto a la entrada de la ciudad. Cuando pasaba alguien que iba a ver al rey para que le resolviera un pleito, Absalón lo llamaba y le preguntaba de qué pueblo venía. Aquel le decía de qué tribu israelita era, y Absalón le aseguraba: "Tu demanda es muy justa, pero no habrá quien te escuche de parte del rey". En seguida añadía: "¡Ojalá me pusieran por juez en el país! Todo el que tuviera un pleito o una demanda vendría a mí,*

y yo le haría justicia". Además de esto, si alguien
se le acercaba para inclinarse ante él, Absalón le
tendía los brazos, lo abrazaba y lo saludaba con un
beso. Esto hacía Absalón con todos los israelitas
que iban a ver al rey para que les resolviera algún
asunto, y así fue ganándose el cariño del pueblo».

2 Samuel 15:2-6

¿Notas cómo Absalón, de una forma tan sutil, habló negativamente del liderazgo de David? Con toda calma expresó que, si él estuviera en posición de autoridad, todo sería diferente. Al hacer eso, «robó el corazón de los hombres de Israel» (v. 6). En cada iglesia existen personas con el espíritu y el carácter de Absalón, buscando ganar simpatizantes por medio de discursos y coloquios sutiles. Esas personas te convencen para que dudes del liderazgo y hablan de lo que ellos harían en forma diferente. Así como Absalón, hablan con empatía para ocultar sus malas intenciones. No caigas en la trampa. Ya hay muchas personas equivocadas que se jactan de ser compasivos porque se disponen a escuchar las quejas y los lamentos de los demás sin amonestarlos. Si eres una de esas personas, entiende que esto no es un don; es una debilidad. Personas como tú, que escuchan pasivamente los chismes y murmuraciones en vez de confrontarlos, son los que permiten que existan individuos como Absalón en este mundo, que dividen iglesias enteras. Necesitas armarte de valor, no le permitas a nadie que divida la santa iglesia de Dios, ni que difame a sus líderes ungidos. Si escuchas a alguien hablar negativamente acerca de otro creyente, confróntalo directamente con la persona a quien está atacando. Sé valiente para guiar a las personas a la reconciliación. «Bienaventurados los que procuran la paz» (Mateo 5:9 LBLA).

NO TE DEJES ENGAÑAR POR LAS LÁGRIMAS

Permíteme que te diga que no estoy tratando de minimizar a quienes han sido lastimados por una iglesia o por sus líderes. Escribí este libro para señalar las carencias que tiene la iglesia. No trato de hacer a un lado a quienes han sufrido abuso por parte de otros. Te estoy pidiendo que tengas en cuenta que, en la iglesia, hay personas muy hábiles haciendo el papel de víctimas. Por lo general, el orgullo es la raíz de estas víctimas profesionales. Han aprendido que, casi siempre, las lágrimas les aseguran la victoria. Si al principio no lo logran, lloran una y otra vez, porque el llanto los convierte en víctimas. Eso significa que la persona que te provocó las lágrimas debe ser el malo. Las lágrimas son un arma poderosa.

Aún recuerdo la primera vez que tuve que manejar una situación parecida. Hace veinte años, me encontraba predicando en un congreso para solteros. Al término del mensaje, un grupo de personas se acercó a hablar conmigo; unos venían buscando un consejo, otros venían con palabras de aliento. De una manera muy casual, una joven me estaba contando acerca del pecado en su vida. Al explicarle la seriedad del pecado, y animarla para arrepentirse, ella cayó al suelo, tomó una posición fetal y comenzó a llorar inconsolablemente, temblando y diciendo: «¡Me estás asustando, no me siento segura!». Fue un triunfo instantáneo para ella; había logrado que todos se voltearan a mirarme como si yo fuera el malo. Ahora, me correspondía disculparme por haberla lastimado. La atención ya no estaba en su pecado, sino en su herida. De pronto, yo me había convertido en el pecador y ella en la víctima. ¡Jaque mate! Al no disculparme y consentirla, pasé a ser el villano. De modo que ahora ella puede ir a otros, utilizando la misma estrategia y con lágrimas contarles cuanto la lastimé.

Por supuesto, muchas lágrimas son genuinas y requieren consuelo. Definitivamente no queremos ser insensibles a las heridas de los demás. Pero, así como los padres, debemos aprender a distinguir el llanto verdadero del sollozo manipulador y del lamento para llamar la atención. Tu espíritu compasivo se verá tentado a consolar a todo el que llora, sin embargo, no es lo mejor que puedes hacer por ellos. El apóstol Pablo no lamentó provocar lágrimas; de hecho, él explicaba que la aflicción es algo bueno. Debido a que amaba a los corintios, Pablo los contristó con la esperanza de que se arrepintieran.

«Porque si bien os causé tristeza con mi carta, no me pesa; aun cuando me pesó, pues veo que esa carta os causó tristeza, aunque solo por poco tiempo; pero ahora me regocijo, no de que fuisteis entristecidos, sino de que fuisteis entristecidos para arrepentimiento; porque fuisteis entristecidos conforme a la voluntad de Dios, para que no sufrierais pérdida alguna de parte nuestra. Porque la tristeza

que es conforme a la voluntad de Dios produce un arrepentimiento que conduce a la salvación, sin dejar pesar; pero la tristeza del mundo produce muerte».

2 Corintios 7:8-10

Amemos suficientemente a las personas para ayudarlas a superar la actitud de víctima, ayudándolas a vivir con la atención puesta en Dios y no en sus propios sentimientos.

NO TE OBSESIONES

«Por lo demás, hermanos, todo lo que es verdadero, todo lo digno, todo lo justo, todo lo puro, todo lo amable, todo lo honorable, si hay alguna virtud o algo que merece elogio, en esto meditad».

Filipenses 4:8

Uno de los más grandes errores que cometemos es permitir que las personas orgullosas ocupen nuestros pensamientos. Le permitimos a nuestra mente que reviva las ocasiones en las que nos han ofendido. Esto nos roba el gozo y le roba a Dios toda la adoración que se merece.

En el libro de Efesios, capítulo 5, encontramos que la persona que está llena del Espíritu continuamente adora y da gracias. Satanás aborrece el sonido de nuestra alabanza y nuestra gratitud, por eso está determinado a interrumpir esa alabanza. A él le encanta cuando nuestras mentes se llenan de frustración y desánimo, en vez de estar llenas de adoración. No le des la victoria, controla tus pensamientos.

ALABA A JESÚS

Cuando siento que he sido maltratado, comienzo a adorar a Jesús, le digo lo maravillado que estoy por lo que él ha logrado. Eso ha sido de mucha ayuda para mí. Comparado con las afrentas horrorosas que Cristo padeció, los maltratos que he recibido son nada. No me explico cómo fue que el Creador del mundo permitió que su propia creación lo torturara. Aun al escribir esto me siento asombrado con su humildad. En vez de mortificarme por mi falta de humildad, adoro a Jesús por su humildad.

He aprendido que, cuanto más contemplo la humildad de Jesús, más me dan ganas de adorarlo y quiero parecerme a él. Toma ahora un momento para adorar a Jesús, «el autor y consumador de la fe, quien por el gozo puesto delante de él soportó la cruz, menospreciando la vergüenza, y se ha sentado a la diestra del trono de Dios» (Hebreos 12:2).

GANA A CUALQUIER COSTO

Soy muy competitivo. A veces, querer ganar una conversación me consume. El amor pasa a segundo plano cuando me obsesiono con probar que tengo la razón. No me gusta ser así, porque cuando me obsesiona ganar significa que Jesús ya no es mi obsesión. Así que, he tratado de cambiar mi modo de pensar.

Tal vez haya una solución beneficiosa para todos los que hemos peleado con nuestra naturaleza sumamente competitiva. Después de todo, hay un versículo que nos dice que compitamos: «en cuanto a honra, prefiriéndoos los unos a los otros» (Romanos 12:10). Solo que, nuestra competitividad debe ser diferente; y nuestra mejor victoria es cuando nos ganamos el favor de Dios. Obviamente no estoy hablando de hacer obras para obtener la salvación, hay muchos versículos que hablan de la bendición de Dios para el humilde. Aunque la humildad es un don, no aparece de manera pasiva. Él nos ordena que nos humillemos. Oramos por la humildad y nos esforzamos por obtenerla. Uno de mis versículos preferidos que me incentiva a buscar la humildad dice:

> «*Porque así dijo el Alto y Sublime, el que habita la eternidad, y cuyo nombre es el Santo: Yo habito en la altura y la santidad, y con el quebrantado y humilde de espíritu, para hacer vivir el espíritu de los humildes, y para vivificar el corazón de los quebrantados*».
>
> Isaías 57:15

Este es el final del libro, así que tienes tiempo para leer el versículo una y otra vez. No conozco uno mejor para concluir esta sección. Memorízalo. Escríbelo. Píntalo en tu pared. Envíalo por texto a tus amigos. Medita en cada una de sus palabras. Si esto no te motiva a luchar por tener humildad, entonces nada lo hará. Nuestro santo Dios habitará en ti si tienes un espíritu contrito y humillado.

NOTAS

CAPÍTULO 2

1. Tim Sharp, «How Far Is Earth from the Sun?», Space.com, consultado el 18 de octubre de 2017.

CAPÍTULO 3

1. «Religious Service Attendance (Over Time)», Association of Religion Data Archives, consultado el 23 de mayo de 2018, www.thearda.com.
2. Søren Kierkegaard, *Provocations: Spiritual Writings* (Plough, 2002).
3. Alan Hirsch, *The Forgotten Ways: Reactivating Apostolic Movements* (Brazos, 2016), pp. 34-35.
4. Mike Breen, *Building a Discipling Culture: How to Release a Missional Movement by Discipling People Like Jesus Did*, (3DM Publishing, 2017).
5. David Platt, *Radical Together: Unleashing the People of God for the Purpose of God* (Multnomah, 2011), pp. 59-60.

CAPÍTULO 5

1. Mike Breen, *Building a Discipling Culture: How to Release a Missional Movement by Discipling People Like Jesus Did*, 3rd ed. (3DM Publishing, 2011), p. 11.
2. A. W. Tozer, *Tozer for the Christian Leader: A 365-Day Devotional* (Moody, 2001), 2 de septiembre.

CAPÍTULO 6

1. Hugh Halter, *Flesh: Bringing the Incarnation Down to Earth* (David C Cook, 2014), p. 119.

CAPÍTULO 7

1. John Collins, «Anything Is Possible», Ironman, consultado el 24 de mayo de 2018, www.ironman.com/#axzz5GSFlau30.
2. «Evangelical Growth», Operation World, consultado el 24 de mayo de 2018, www.operationworld.org/hidden/evangelical-growth.

CAPÍTULO 8

1. *Madagascar*, dirigida por Eric Darnell y Tom McGrath (DreamWorks Animation, 2005).
2. Alan Hirsch, *The Forgotten Ways: Reactivating Apostolic Movements* (Brazos, 2016), p. 176.
3. David Garrison, «Church Planting Movements: The Next Wave?», *International Journal of Frontier Missions* 21, no. 3 (Otoño 2004), pp. 120-21.

CAPÍTULO 9

1. Tim Chester and Steve Timmis, *Total Church: A Radical Reshaping around Gospel and Community* (Crossway, 2008), p. 18.
2. *Read Scripture*, v.7.0.0 (Crazy Love Ministries, 2018), readscripture. org.
3. Reach Beyond, *Great Commission Action Guide*, consultado el 25 de mayo de 2018, https://reachbeyond.org/Advocate/RBActionGuide. pdf.
4. «25 Best Global Companies to Work For», Fortune, consultado el 25 de mayo de 2018, http://fortune.com/global-best-companies/hyatt-19/.
5. «How Many Employees Does Airbnb Have?», Quora, consultado el 14 de noviembre de 2015, www.quora.com/How-many-employees-does-Airbnb-have-1.
6. Avery Hartmans, «Airbnb Now Has More Listings Worldwide Than the Top Five Hotel Brands Combined», Business Insider, consultado el 10 de agosto de 2017, www.businessinsider.com/airbnb-total-worldwide-listings-2017-8.
7. «New York City, New York Population 2018», World Population Review, consultado el 25 de mayo de 2018, http://worldpopulationreview.com /us-cities/new-york-city-population/.
8. Lyle E. Schaller, *The Interventionist* (Abingdon, 1997), p. 70.

¿Algo en lo profundo de tu corazón
anhela liberarse del status quo?

DIOS ES AMOR.

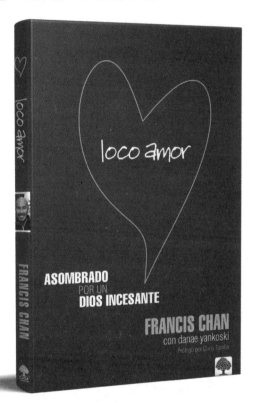

LOCO, INCESANTE Y TODOPODEROSO AMOR

Porque cuando está locamente
enamorado de alguien, eso cambia todo.

Tú fuiste hecho para hacer discípulos

Jesús le dio un mandamiento a sus seguidores: "Síganme".

Y una promesa: "Yo los equiparé para que encuentren a otros y me sigan".

Fuimos hechos para hacer discípulos.

Multiplícate te equipará para llevar a cabo el ministerio de Jesús. Uno más uno más uno.

PODEROSO.

¿Cuándo fue la última vez que alguien
usó esa palabra para describirlo?

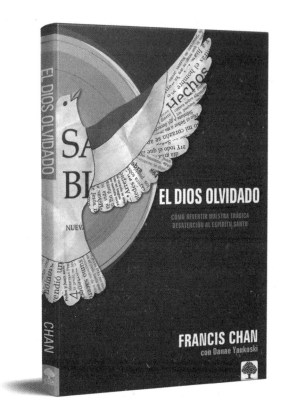

¿Será que nos hemos olvidado de Aquél que nos
distingue de toda religión y culto en el mundo?

A través de una sólida base bíblica y una convincente
narrativa, el sorprendente autor Francis Chan nos lleva
de nuevo al Espíritu Santo como la Biblia lo describe.

Para vivir la Palabra
www.casacreacion.com

¿Cómo un Dios amoroso puede mandar gente al infierno?

¿Tendrán las personas la oportunidad de creer en Jesús e ir al cielo después de morir?

Este no es un libro sobre quién dijo qué.
Es un libro sobre lo que Dios dice.

Es un libro sobre el pueblo que Dios ama.

Te invitamos a que visites nuestra página
web donde podrás apreciar la pasión por
la publicación de libros y Biblias:

www.casacreacion.com

Para vivir la Palabra